培养最具潜力的小学生

王金战 范丰梅 咏梅 超然 著

图书在版编目（CIP）数据

培养最具潜力的小学生/王金战等著．—北京：北京大学出版社，2012.1
ISBN 978-7-301-19540-6

Ⅰ．培… Ⅱ．王… Ⅲ．小学生—家庭教育 Ⅳ．G78

中国版本图书馆 CIP 数据核字（2011）第 192734 号

书　　　名：	培养最具潜力的小学生
著作责任者：	王金战　范丰梅　咏梅　超然 著
责 任 编 辑：	秦 雯
标 准 书 号：	ISBN 978-7-301-19540-6/G·3223
出 版 发 行：	北京大学出版社
地　　　址：	北京市海淀区成府路 205 号　100871
网　　　址：	http://www.pup.cn
电　　　话：	邮购部 62752015　　发行部 62750672
	编辑部 82893506　　出版部 62754962
电 子 邮 箱：	tbcbooks@vip.163.com
印 刷 者：	北京嘉业印刷厂
经 销 者：	新华书店
	787 毫米×1092 毫米　16 开本　14 印张　188 千字
	2012 年 1 月第 1 版第 1 次印刷
定　　　价：	32.00 元

未经许可，不得以任何方式复制或抄袭本书之部分或全部内容。
版权所有，侵权必究
举报电话：010-62752024　电子邮箱：fd@pup.pku.edu.cn

目录 Contents

前言 /V

Part 1 好性格比高智商更重要

01 孩子上小学了,父母应该关注什么? /2
02 孩子缺乏责任意识,怎样培养孩子的责任心? /4
03 孩子不善于表达爱,如何培育孩子的情商? /7
04 孩子做事没有信心,如何培养孩子的自信? /9
05 孩子胆小自卑,怎样帮孩子克服自卑心理? /12
06 孩子性格内向不善交往,家长该如何引导? /15
07 孩子独来独往不合群,如何培养孩子的交往能力? /18
08 孩子不爱表现自己,如何帮助孩子积极展现自我? /20
09 孩子自私冷漠,怎样让孩子懂得感恩? /22
10 孩子缺乏上进心,家长怎么办? /25
11 孩子赢得起输不起,如何培养孩子的抗挫折能力? /27
12 孩子太过追求完美,家长该怎样为孩子减压? /30
13 孩子在名校压力很大,家长要如何抉择? /33
14 孩子不诚实,如何培养孩子诚实的品性? /36
15 孩子常常"对着干",如何让孩子不再逆反? /39
16 孩子任性不讲理,家长该如何应对? /41
17 孩子好奇心很强,如何培养孩子的探究意识? /44
18 怎样培养孩子的创新精神? /47
19 孩子不想坚持学乐器,要不要放弃? /49

I

Part 2 理解孩子,也让孩子理解你

01 爸爸在孩子成长中应该扮演怎样的角色? / 54
02 妈妈在孩子成长中应该扮演怎样的角色? / 57
03 对孩子高标准严要求,难道有错吗? / 60
04 孩子为什么听不进父母的话? / 63
05 家长应如何树立自己的威信? / 66
06 家长怎样让孩子敞开心扉? / 68
07 孩子该不该有自己的隐私? / 70
08 怎样说,孩子才不会嫌父母唠叨? / 74
09 家长掏心掏肺,孩子为何不领情? / 76
10 孩子为什么不爱这个家? / 78
11 如何正确对待孩子对父母情感上的过度依恋? / 81
12 家长该怎样对孩子进行赏识教育? / 84
13 对孩子进行物质奖励,到底好不好? / 86
14 教育孩子,到底要不要惩罚? / 89
15 家长如何表扬孩子最有效? / 91
16 孩子为什么越来越不听话了? / 94
17 如何引导青春期的孩子与异性相处? / 96
18 家长如何成为孩子学习的伙伴,共享学习的乐趣? / 99
19 家长应该怎样陪孩子"玩"? / 102
20 孩子不喜欢某位老师,该怎样正确引导? / 105
21 家长该不该支持孩子竞选班干部? / 108
22 家长如何跟老师沟通才最有效? / 110

Part 3 跟孩子一起积蓄学习的潜力

01 孩子不愿学习，家长该如何培养孩子的学习兴趣？ / 116
02 孩子很用功，为什么成绩老是上不去？ / 118
03 孩子成绩一向很好，突然考砸了怎么办？ / 120
04 孩子学习跟不上，转校或者留级到底好不好？ / 122
05 孩子聪明而学有余力，该不该跳级？ / 124
06 孩子总是被动地学习，如何培养孩子的自学意识？ / 127
07 孩子不喜欢学英语，如何帮助孩子？ / 129
08 孩子到底该不该学奥数？ / 132
09 孩子一写作文就发憷，家长应该如何帮助孩子？ / 134
10 孩子不喜欢看书，如何激发孩子阅读的兴趣？ / 137
11 家长该不该陪着孩子做作业？ / 139
12 家长该不该帮孩子检查作业？ / 143
13 孩子做作业太慢，家长该如何帮孩子改进？ / 146
14 假期让孩子提前学新课，有必要吗？ / 148
15 孩子学了后面忘了前面，怎样提高记忆效果？ / 151
16 孩子在考试中总出小错误，家长该怎么办？ / 153
17 孩子一到考试就紧张，家长如何疏导？ / 156
18 该不该给孩子报课外班？报什么班合适？ / 159
19 孩子为什么厌学？该如何帮孩子克服这种情绪？ / 161
20 家长如何帮助孩子有计划、有条理地安排学习？ / 164
21 家长如何引导孩子做好课前预习？ / 166
22 家长如何帮助孩子搞好复习？ / 168

好习惯为孩子打好人生的基础

- 01 孩子临近入学时，家长应为孩子做哪些工作？ / 172
- 02 家长如何帮助刚入学的孩子适应新生活？ / 175
- 03 如何培养孩子的自理能力？ / 178
- 04 孩子做事老是丢三落四的，怎样让他"长点记性"？ / 181
- 05 孩子不会合理安排时间，怎样培养他的时间意识？ / 184
- 06 孩子懒懒散散，家长怎么办？ / 186
- 07 如何正确对待孩子的"玩"和"学"？ / 188
- 08 孩子上课注意力不集中爱走神，怎么办？ / 190
- 09 如何改掉孩子上课随便说话的毛病？ / 193
- 10 如何帮助孩子摆脱对电视的迷恋？ / 196
- 11 如何让网络成为孩子的良师益友？ / 198
- 12 家长应如何教育孩子有节制地生活？ / 201
- 13 家长如何应对孩子的攀比心理？ / 204
- 14 孩子爱打扮，是好事还是坏事？ / 207
- 15 如何预防孩子的"城市病"？ / 210

前言

我是一个教了三十多年学的高中教师，给小学生的家长们写一本书，读者可能会觉得有点不靠谱。但正因为我大部分时间教高中，当我把我教过的上千名高中生的小学时代进行详细了解后，才发现高中生的好多习惯原来都是在小学期间形成的。例如，小学喜欢广泛阅读的孩子，到了高中往往知识渊博、学风踏实；小学喜欢数学的孩子，到了高中往往学得比较轻松……

还有一个问题是家长们一定要关注的，我国未来十年教育发展纲要中明确表示，未来十年要淡化高考的选拔功能，加大高校录取的自主权。再看近几年高校录取的情况，北大、清华等高校录取的学生中，自主招生、保送生、艺术特长生、体育特长生占的比例已经超过了50%，所以小学期间就注意对孩子人生的提前设计，既能保证让孩子过得轻松，又能让孩子走得更远，如果到了高三再做这些事，一切都来不及了。多年来我帮助许多孩子从小学开始人生设计，使他们轻松走向了美好的未来，正因如此，越来越多的家长求助于我，在跟家长的不断交往中，我也强烈地感受到小学生家庭教育的种种误区。

大家都知道教育孩子的重要性，其中非常关键的一点是，一旦时机错过就再也没法挽回。现实情况是，很多小学生的家长只注重养孩子，而忽视教孩子；只注重孩子的分数、排名，而忽视孩子综合素质的培养；给孩子报了各种各样的兴趣班，把孩子累得苦不堪言，却扼杀了孩子的特长和享受童年、童真、童趣的权利，于是错失关键时期。再看市面上的育儿图书，几乎都是只顾眼前、忽视未来，有些甚至存在导向错误。所以当我把从上千名高中生的小学经历中提炼出的一百多个共性问题进行深度加工整理时，当我把家长们问我最集中的一些问题进行深度思索时，当我站在高考的角度回望一个人的小学时代该怎样度过时，更加感觉到写这本书的重要。

  本书最终浓缩成小学生家长一定会高度关注的78个问题，本着对孩子未来发展高度负责任的态度，我和范丰梅、咏梅、超然等家庭教育专家一起，对这些问题给出了合理的解决方案，借此给望子成龙、望女成凤的家长们以独特的启发。希望本书能帮助家长在培养一个健康孩子的同时，还能为孩子的一生打下一个坚实的基础，这便是我写作本书的最大愿望了。

Part 1

好性格比高智商更重要

01
孩子上小学了，父母应该关注什么？

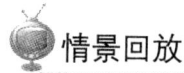 情景回放

一位家长在我的博客上留言：

儿子东东今年7岁半，读小学二年级。总体上看儿子是不错的，喜欢看书，爱好广泛，性格开朗。在班上老师给的评价是"很阳光，很会和小朋友玩，但就是在学习上没有突破"。有一次他说好由自己安排写作业，可是到星期天的晚上才发现作业还没做好。为此我还对他大打出手，打完了告诉他这是因为他自己不负责任，讲话不算数。他好像也服气，我却很心疼，只能自己躲在房间哭。

有人说，小学阶段不要太认真，孩子已经很不错了，不要要求太高，要让孩子玩得开心；也有人说，教育要早早抓起。我真的不知道该怎样教育小学阶段的孩子。

关键点分析

一个孩子就好比是一粒种子，要有肥沃的土壤才可以茁壮成长。这个道理是尽人皆知的，但未必人人都可以运用自如。很多父母只是看到了这粒种子多么饱满，便期待着结出最大最美的果实，往往看到孩子多么聪明，就认为孩子理应取得很好的成绩。殊不知，一旦忽略了这个阶段对孩子良好品质、良好习惯、良好心态的培育，这粒饱满的种子缺乏源源不断的养料供给，就会缺乏成长的后劲。

毋庸置疑，在目前的教育体制下，学习成绩是衡量孩子学习状况的最重要标志，也是父母最为关注的事情。但对于小学生的父母来说，学习成绩并不应该成为父母唯一关注的事情。我始终认为孩子在小学阶段的重点不是学习具体的知识，而是养成一些好的学习习惯。两者并不矛盾，只有养成好的学习习惯，才会有好的学习效果，而且好习惯会成为孩子将来持续学习的坚固根基。案例中的东东已经是个很不错的孩子，在学习上父母绝不要急于求成。

总之，孩子是一个成长的、不断发展的个体，孩子进入小学，父母应该重点培养孩子健康和积极的心态，培养孩子好的学习习惯和生活习惯，培养孩子良好的品格，这些方面对孩子将来可持续发展的重要性要远远大于单纯的学习成绩。

关键帮助

在小学阶段，家长最应该关注是对孩子以下两个方面素质的培养：

◎ 阳光个性的培养

家长不要因为过于重视孩子的学习成绩，而忽略了对孩子个性的培养。现在有些家长以孩子会背《三字经》、《弟子规》为骄傲，其实孩子背得很死板，甚至并未领会其中的含义，完全没有乐趣和个性可言。

家长可以领着孩子回归大自然，比如可以去农村体验生活。我有个朋友，孩子上小学五年级，暑假他把孩子送到农村，去跟农村孩子一块劳动、一块玩。这才是把孩子当人培养，而不是把孩子当机器来折腾。让孩子回归自然，是培养孩子的一个重要部分。特别是在城市的"水泥森林"中长大的孩子，非常需要接地气，回归大自然，这是对孩子本性和本能的尊重，能给孩子的个性注入灵气。

◎ 广泛阅读兴趣的培养

有些家长只关注考试的几门学科，不在考试之列的就不让孩子学。

孩子只能学奥数和英语,如果看报纸、看画册,家长就反对,这是严重错误的,应该鼓励孩子多看课外书报,培养广泛的阅读兴趣。

02
孩子缺乏责任意识,怎样培养孩子的责任心?

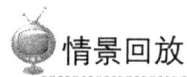 **情景回放**

女儿刚上小学时,做什么事情都慢。特别是早上特喜欢赖床,被妈妈叫三四遍才起床,慢慢腾腾地洗刷、吃饭,对妈妈不停的催促全当耳旁风。眼看要迟到了,这才急得像热锅上的蚂蚁,催促爸爸快去送她。路上还一个劲地埋怨,一会儿嫌妈妈叫她叫晚了,一会儿又嫌爸爸骑车骑得太慢了,几乎每天都如此。

没办法,妈妈不停地唠叨、催促,可女儿嘴上答应得挺好,就是行动依旧我行我素,妈妈简直拿她没辙。

这样下去可不行,上学是孩子自己的事情,妈妈要想办法让女儿对自己负责。

这天早上,女儿又赖床起晚了,妈妈不再催促,而是由着她慢慢起床、吃饭,结果当然是迟到了。老师严厉地批评了她,中午放学回家还眼泪汪汪的。妈妈假装没看见。第二天,女儿早忘了迟到挨批评的事了,依然磨蹭,结果又迟到了,老师罚她站了一节课。这次,女儿求助于妈妈,妈妈告诉她:"你自己的事必须自己做,不能都依赖爸妈,如果明天你再迟到,老师肯定不会喜欢你了。"

果然,女儿再也不用妈妈催促,责任意识明显强了,每天晚上自己上好小闹钟,早上再也没有迟到过。因为老师的批评给她留下的印象太深了,她不想让老师不喜欢她。

关键点分析

现在的孩子大多是独生子女，6个大人围着一个孩子转，宠爱有加，悉心照顾，几乎什么事情都不用孩子自己操心，结果造成孩子不知应该怎样对自己负责任。做错事情却不承认，习惯在别人身上找原因，就知道埋怨别人，从来不想承担责任，这是孩子缺乏责任心的表现。

责任心是一个人对他所承担的任务的自觉态度，包括对自己的责任、对他人的责任、对集体的责任和对社会的责任。责任心对孩子来说是十分重要的，孩子有了责任心，才能自觉、主动、勤奋地学习，长大后才能适应社会，从而成为优秀人才。

可现在的孩子们，衣来伸手、饭来张口，父母代劳了本来是孩子应该自己做的事情、应该自己承担的责任，造成孩子只懂得索取而不懂得付出，缺乏责任心。因此，家长要尽快放弃对孩子的溺爱，让孩子从小就养成对自己负责任的态度，这是孩子人生中最为重要的一课。

关键帮助

让孩子对自己负责，不是一朝一夕就能形成的，需要父母不断地鼓励和支持。

◎ 从生活小事做起

让孩子对自己的事情负责，可以从身边的小事做起。第一，让孩子养成习惯自己整理学习物品，不要今天忘了带课本，明天又忘了带作业；第二，孩子房间的卫生，可以让孩子自己打扫，父母定期检查；第三，孩子的玩具，让孩子习惯玩完后及时归位；第四，对一些孩子力所能及的家务，也可以安排孩子动手来完成，不依赖父母和他人。但要注意，安排孩子做事时，要考虑孩子的年龄特点，不要强制孩子做太难的事，以免孩子受到打击和挫折，放弃自己的责任。

◎ **父母以身作则**

父母是孩子最好的老师，父母要用自己的言行，影响孩子和引领孩子也成为一个有责任心的人。比如：父母准时上下班，从不迟到、早退；很辛苦地工作了一天，回家还要做饭、打扫卫生等。告诉孩子，这些是父母的责任。让孩子看到父母在平时的生活中，勇于承担自己对家庭、工作的责任，是富有责任感的人。

◎ **勇于承担责任**

由于孩子自己的原因造成不良后果时，父母要鼓励孩子勇敢地面对自己的错误，勇于对自己的言行负责，而不是埋怨别人。比如，孩子因为饭菜不合口味拒绝吃饭，父母就要告诉他，你不吃饭就要挨饿，也不许吃其他东西。当孩子选择不吃饭后，家长不要心疼孩子，再给孩子买别的食物，而是要让孩子为自己的选择负责，尝尝挨饿的滋味。如果孩子勇敢地承认了自己的过错，父母就要及时表扬，只有这样才能培养孩子对自己负责的态度。

◎ **鼓励孩子坚持**

孩子做很多事情时，都不会轻而易举地成功。在孩子由于对自己负责而遇到困难时，父母要及时鼓励孩子坚持到底，不能随随便便地放弃。要让孩子意识到，做任何事情，无论大小，都要从头至尾地认真做完，只有坚持，才有可能成功。

03
孩子不善于表达爱，如何培育孩子的情商？

📺 情景回放

晴晴的妈妈是个比较含蓄的人，情感很少外露，在养育晴晴的过程中，很少与晴晴相拥相抱，也极少对晴晴直接表达自己的喜爱。晴晴现在10岁了，虽然各方面表现还不错，学习成绩尤其突出，但情商却很一般，给人冷漠的感觉。平时跟妈妈相处总像隔着层什么，尊敬多于喜爱。妈妈生病了，她也不会说一句问候或者安慰的话。别人常跟晴晴妈说："有个女儿好吧？贴心小棉袄呢！"可晴晴的妈妈只能在心里发出一丝苦笑，女儿跟自己怎么这么不贴心呢？

关键点分析

可见，"种瓜得瓜，种豆得豆"，父母怎么对待孩子，孩子就会怎么对待父母。晴晴妈在养育晴晴的过程中，就忽视了对晴晴的情感表达，没有爱的语言表达，也没有爱的行为表达，晴晴当然也就缺少这方面的能力和意识，当然不会对妈妈贴心。

爱是需要表达的，是需要培育的，即便是骨肉亲情，如果长期忽略最为直接的表达，那么爱的能力就会减弱，骨肉亲情也会隔山隔水一样让人寒心。家长疼爱孩子，就要表达出来，给孩子做个爱的榜样，孩子肯定会加倍地回报家长，温暖家长。如果忽视爱心的传递和爱的教育，孩子会离家长越来越远，性格和为人处世上也会出现不同程度的缺陷。

 关键帮助

◎ 营造和谐相处的家庭氛围

情商培养有很重要的一个前提是：在家庭中营造一种和谐相处的氛围，夫妻之间要相互尊重，避免在孩子面前争吵。如果父母经常吵架，会在孩子心灵上留下很多创伤。爸爸妈妈要相互为对方补台，帮助孩子既爱爸爸，也爱妈妈，最好不要把爱局限于一个人身上，不要让孩子形成"只跟爸爸好"或者"只跟妈妈好"的想法和习惯。

◎ 家长要传好爱心接力棒

不要认为孩子小，什么都记不住，什么都不会在乎。其实，父母的一言一行，都会在幼小的心灵里留下烙印。父母为人处世的态度、对待亲戚朋友的态度，都对孩子的情商发展影响很大。如果父母对人冷漠，会导致孩子也比较自私，必然不会与他人建立良好的人际关系。孩子疏离亲情，感受不到友情，自己也就非常孤独了。所以，父母首先要反思自己的做法，只考虑培养孩子的情商是没作用的。

◎ 鼓励孩子把爱说出来

家长要带动孩子勇敢地把爱说出来。再不善于表达情感的人，面对自己生命的延续也应该拿出勇气，表达自己的爱。可以经常对孩子说："宝贝儿，妈妈最喜欢你！""好女儿，妈怎么看怎么爱你！"孩子感受到这些语言给自己带来的愉悦，才会发自内心地爱家长，才会对家长表达自己的爱。相信这样的孩子不仅会爱父母，更容易表现出对他人的关切和对公共事务的热心。

家长偶尔可以适当地夸张一下自己对爱的需求，给孩子表达爱意的机会。爸爸可以跟儿子说："儿子，你越长越大了，很快就要成小伙子

了，爸爸为你的成长高兴，现在家里不仅有我这个男子汉，你也要成为男子汉了。小时候都是我和妈妈照顾你，现在你要学会分担家里的事，要学会照顾爸爸和妈妈。"在爸爸的点拨下，儿子会学着爸爸的样子，开始关注家、试着照顾爸爸妈妈。家长生病的时候，可以不再坚持做家务，让孩子帮忙做一些力所能及的小事，比如，可以让孩子为自己拿药、倒水，培养他们体恤别人、帮助别人的美德和能力。

◎ 做孩子的贴心朋友

家长要做孩子的知心朋友，真正与孩子"心贴心"。孩子在小学阶段，对许多事情还处于似懂非懂的状态，因此放学回家后总喜欢跟家长倾诉，或直接求助于父母。这时家长要做耐心的倾听者和智慧的建议者，进入孩子的内心世界，在帮助孩子过程中与孩子心贴心。

04
孩子做事没有信心，如何培养孩子的自信？

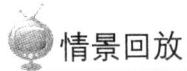
情景回放

雨儿从5岁起就学弹钢琴，现在已经上五年级了。说起来，她钢琴弹得还是不错的，但就是没有自信，每次只能让妈妈陪着练习和回课，如果爸爸在旁边听她练习或者陪她去回课，她就会紧张，甚至不好意思"开弹"，弹的时候是越怕错则越出错。老师对雨儿父母说："这是雨儿不自信的表现，希望你们多多帮助，让她自信一些，以后没准还要上台表演呢，这样的状态可不行。"雨儿却表示只愿上课和在家练习，不想上台表演。为了培养她的自信心，妈妈让她去参加了钢琴考级，可是她仍是紧张，勉强通过了考试，但临场发挥远远不如平时。

爸爸妈妈很着急，难道女儿会永远这么腼腆、内向、胆小吗？怎样才能帮助她充满自信地面对今后的人生之路呢？

关键点分析

自信是个人魅力中最为动人的品质。一个自信的人腰板是挺直的，行动是果敢的，性格是开朗的，人生态度是乐观豁达的。自信对于孩子来说尤其重要，学习、生活中的方方面面都在考验孩子的承受能力，自信的孩子性格乐观开朗，干什么事都容易成功，这些成功又会增强其自信，可谓良性循环。相反，缺乏自信的孩子则容易内向、自卑，做起事来缩手缩脚，发挥才能会打折扣，有时做事反而容易失利，这种失利又会打击他们仅存的一点自信，从而陷入恶性循环。

雨儿生性腼腆，性格内向，不爱出头露面，不爱争先，虽然不是什么原则问题，长此以往，却会影响她的学业进步和生活质量。对自己不自信，实际上就是怀疑自己的能力，怕自己达不到别人（特别是父母、老师、同学等）的预期，在行动上显得迟疑、胆怯，进而影响才能的正常发挥，在这样的负面情绪影响下，孩子不会真正快乐，也很难充分体验和享受成功带来的喜悦。这样的孩子需要的是看到自己的长处，看到自己强于别人的素质和才能，一旦发现自己是"能行"的、是"很棒"的，就不会再胆小害怕了，自信也会油然而生。

关键帮助

◎ 送孩子去专门的自信心训练营

家长应该利用寒、暑假，把孩子送到专门培养自信心的训练营，通过七八天的有针对性的训练迅速提升自信心。可以说，七八天的时间可以改变孩子的心理状态、自信状态。孩子自身在假期不知道该如何利用时间，常常无所事事，反而容易看电视成瘾、上网成瘾，这样久而久之孩子就更不愿意走出家门。假期正是一个非常好的机会，把孩子送到训练营去，像"宽高"每年都会举办相关的训练营。

◎ 从日常小事入手积累信心

家长可从日常生活入手，逐步培养孩子独立自主的个性。据观察，凡是能够独立处理生活事务、有独特思维的孩子，自信心都会更足一些。对于小学中、高年级的孩子，家长更应该放手让他们独立处理自己的日常事务，切勿大包大揽，让他们慢慢习惯于自己驾驭生活和学习，处理问题的能力提高了，自信心才可能萌生并加强。

◎ 家长要引导孩子减压

家长要注意用积极的态度引导孩子，多鼓励，少批评打击。小学生的压力本来也不小，各种考试、评比、竞赛、活动，哪样都会给孩子一定的压力。而家长的态度对孩子来说很重要，如果家长很看重孩子在各方面的表现，就会给孩子更大的压力，孩子的自信反而会递减。所以，家长自己先要心态平和，不要把输赢、名次等看得太重，让孩子轻松上阵，反而会自信满满，反而会成功。此外，当孩子遭遇挫折时，家长要及时给予安慰，要与孩子一起接受失败的结果，告诉孩子，只要努力过了，就无怨无悔，下次再努力，一定会有机会取得成功。

◎ 取得老师的支持和配合

对于自信心不够的孩子，家长可以取得老师的支持和配合，为孩子提供一些可以展示其优势的机会，然后给予孩子足够的肯定和表扬，这比家长苦口婆心说上半天都管用。孩子会觉得自己并不比别人差，老师是喜欢自己的，集体并没有忽视自己，这样，孩子的自信心会大增。比如，父母可以通过与孩子的老师及时交流、沟通，加强老师对孩子的理解，请老师多给孩子提供发挥孩子特长的机会，多肯定、鼓励、表扬孩子的微小进步，增强孩子的自信心。

◎ 充分肯定孩子的优点

家长要帮助孩子正确、客观地认识自我，做到扬长补短。孩子总有自己的优点，家长要特别注意在这些方面给予充分肯定，家长的欣赏可以给孩子一定的心理暗示，对建立自信很有益处。要让孩子充分认识自己的能力和优势，客观看待自己的劣势。充分发挥优势，是建立自信的基础；劣势需要弥补，弥补之后可以增加自信。要多拿自己的长处跟别人的短处比较，而不是专拿自己的短处跟别人的长处对比。这样，孩子就会逐渐找到自信。

05
孩子胆小自卑，怎样帮孩子克服自卑心理？

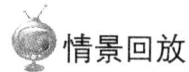 情景回放

小兰自卑心特别强，都上小学三年级了，见人还往父母背后躲。在学校里，小兰一直沉默寡言，基本不和同学玩耍，更不敢和老师说话。因为小兰觉得自己的学习成绩不突出，老师会讨厌她；上课不敢回答问题，怕回答错了同学笑话她；认为自己穿的衣服不漂亮，别人会笑话她……总之，小兰认为自己什么也不如人家，什么都比别人差一截。所以，她不喜欢说话，不喜欢笑，参加活动也不敢抛头露面。在家里，小兰也常常一个人默默地待在屋子里，不愿和家人交流。

像小兰这样的孩子，如果长此以往，会使孩子完全丧失进取心，悲观泄气，最后一事无成，其后果令人担忧。

关键点分析

有的孩子过于注重外表，认为自己长得不好看而自卑；有的孩子攀比的心态过重，看到别的同学吃的、用的、穿的比自己好而自卑；有的孩子学习成绩不好，怕老师、同学瞧不起自己而自卑；有些孩子在集体中被冷落、被轻视、被嫌弃，得不到同伴的友谊，从而伤心、自卑。

自卑是一种性格缺陷，自卑性格的形成往往源于儿童时代。产生自卑的原因主要有以下几方面：

◎ 家长对孩子期望过高

有些家长给孩子定的目标过高，给孩子造成巨大的心理压力，孩子根本体验不到成功的喜悦，只会接连遭受挫折的打击。当孩子难以实现父母对他们的期望时，很容易心灰意冷，产生自责、自卑的心理。

◎ 家长对孩子不够宽容

有些家长不了解孩子的心理特点，老是拿别的孩子的长处与自己孩子的短处相比，还经常当着别人的面批评孩子，让孩子总是感觉自己不如别人；而有的父母对孩子要求过于苛刻，孩子稍有失误，就严加指责，甚至打骂。久而久之，孩子就会怀疑自己的能力而产生自卑。

◎ 父母包办太多

有些父母对孩子过于溺爱，对孩子的一切包办代替，根本不给孩子表现自己的机会，使孩子体验不到成功带来的自豪感。孩子慢慢就会觉得自己什么事都做不好，怀疑自己的能力，从而形成一种自卑心理。

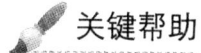 **关键帮助**

发现孩子已经有了一定程度的自卑心理,做父母的应该怎么办呢?

◎ **最好的帮助是不要帮助**

家长帮助孩子克服自卑心理,最好的帮助就是不用帮助,我们经常说"最好的教就是不教",让孩子真正克服自卑心理,家长越帮助,孩子可能越自卑,因为自卑很多时候是家长管得太多给管出来的,所以帮孩子克服自卑最好的办法就是放手不管,不帮助。家长可以利用节假日让孩子离开家庭,独立地参加一些有意义的活动,这对孩子提升自信、克服自卑有很大帮助。比如说,让孩子站在桌子上,面向所有人大喊"我是最棒的",喊到所有人由衷地为他鼓掌为止,孩子的心理就会有转机。很多孩子假期被关在家里,无奈地除了看电视就是上网,很容易成为"宅男"、"宅女",所以要创造一切机会让孩子独立地生活。

◎ **改变对孩子的态度**

父母首先要改变对孩子的态度,降低对孩子的过分要求,在日常生活中,多为孩子提供学习、锻炼的机会,让孩子多尝试成功的体验,增强自信心。当孩子遭遇失败时,家长要帮助孩子分析原因,并鼓励孩子从头再来;当孩子尝到成功时,家长的及时表扬能帮助孩子尽快走出自卑。

◎ **帮孩子找优点**

孩子社会经验少,还不知道如何积极、正确、客观地评价自己。家长要耐心帮孩子寻找优点,并把孩子的优点一条一条地列出来,让孩子看到自己还是有很多长处的。父母要为孩子发挥优势提供条件,多让孩子轻而易举地尝到成功的喜悦,以增强孩子的自信。

◎ 不要老把孩子和别人比

"尺有所短，寸有所长"，每个孩子都既有长处又有短处，父母不要再拿别人的优点来比自己孩子的缺点。对自卑的孩子，家长应该多用自己孩子的长处来比别的孩子的短处，家长积极、肯定的评价，不但能及时消除孩子内心"己不如人"的感觉，还会使孩子进一步相信自己的能力。

◎ 转移孩子的注意力

对过分注重自己的外表、攀比心过重的孩子，家长要注意捕捉孩子的兴趣点，慢慢引导孩子把注意力转移到孩子感兴趣的其他事情上来，逐渐淡化孩子不正常的攀比心态，消除自卑的诱因。

总之，消除孩子的自卑心理是一个长期而艰巨的过程，家长一定要长期坚持，才会收到事半功倍的效果。

05 孩子性格内向不善交往，家长该如何引导？

情景回放

一位母亲打电话来诉说她的烦恼：

女儿小鹿从小就是一个性格比较内向、不善于表达和交往的孩子。她总是安静地在家里看书、画画，或折纸、摆弄一些小玩意。女儿性格乖巧，让我省了不少心。

可是，我慢慢发现，女儿不喜欢到外面和小朋友一起玩，大人的聚会她也不愿参加，宁愿自己独自在家。即使勉强把她带到外面，她也会见人就躲到父母的背后，一般不说话，即使说话声音也很小。

在当今讲究自我展示、勇于表现的时代，女儿的这种性格太让人担心了。于是，我和女儿商定了一个计划，包括两个方面的内容：一是上课举手回答问题，每天告诉我举了几次手，回答了几个问题，只要大声回答问题了，不管对错，我都表扬；二是上学时我不再接送她，让她自己找附近的同学一起上学、回家（我家离学校很近，孩子步行10分钟就能到），回家后告诉我和哪位小朋友一起，路上都说了些什么。

和女儿定好计划后，我每天都坚持询问孩子的情况。慢慢地，女儿和我交流的信息越来越多，看着女儿说话眉飞色舞的样子，我知道，女儿在慢慢变化。

果然，经过不到一个学期的努力，女儿变得大方了，周末经常到同学家玩，也经常邀请同学到自己家里玩，上课也能积极、大声地回答问题了。看着开朗、充满自信的女儿，我很欣慰。

关键点分析

有些家长觉得自己的孩子虽然内向，但老实听话，不惹是生非，管起来不累，很让家长省心，感觉这样的孩子也不错，从而忽视了对孩子的正确引导，结果只会使孩子越来越内向。

家长教育孩子应该顺其自然，每个孩子都有自己的个性，没有必要非把内向的孩子变得外向。对于性格内向的孩子，家长无须刻意地去改变孩子的性格。但对内向的孩子，家长应该多一些关心和引导，让孩子更自信，鼓励孩子去尝试与外界交流，让孩子体会到交朋友的快乐，慢慢地融入正常的人际交往中。

关键帮助

◎ 从感兴趣的事情入手

家长可以观察孩子的兴趣在哪些方面，喜欢看什么书，喜欢做什么事。然后，从孩子最感兴趣的方面入手，为孩子提供表现自己的机会。比如：让孩子给家人大声朗读自己喜欢的故事书，给家人介绍自己的绘画表达的含义，表演自己的手工小制作等。

◎ 制定小目标

改变孩子内向的性格，最好的方法是把要求用一个个小目标来具体化。就像案例中的小鹿一样，妈妈给她提的小目标是举手回答问题，和小朋友一起上学、回家，目标具体，孩子很容易执行。当孩子因为完成一个个小目标而得到家长的赞赏、鼓励时，孩子的这些行为就得到了进一步强化，孩子就会重复这些行为，从而增强自信心。

◎ 走出家门

家长应该尽可能地为孩子拓展生活空间，带领孩子走出家门，为孩子多提供和同伴交往的机会。比如，邀请邻居家的孩子、同学来家做客，让孩子从同伴身上学习交往技能。这种学习机会，是我们成年人无法提供给孩子的。

◎ 不要强迫孩子说话

在亲朋好友面前，不要强迫孩子说话，要顺其自然。如果家长强迫内向的孩子跟别人打招呼，孩子会因不好意思说不出来。父母感觉没面子，就会谴责孩子。久而久之，孩子就更惧怕和人交往了。

孩子的可塑性很强，只要家长积极引导，他们就会渐渐改变自己。

07 孩子独来独往不合群，如何培养孩子的交往能力？

情景回放

小凡，11岁，上学、放学总是独来独往，课间休息总是一个人坐在角落里郁郁寡欢，即使同学来邀请他一起玩，他也是一副无精打采、爱答不理的样子，周围同学的嬉笑打闹仿佛都与他无关。他很少跟同学交流，但脾气倔强，性格急躁，凡事以自我为中心，与同学关系紧张，对老师的批评、教育也有较强的抵触情绪，对集体活动总是能躲就躲，从不积极参加。

关键点分析

孩子不是一个独立的个体，他必定要作为一个社会人而存在。世界上所有的爱都是以在一起为目的的，唯独父母对孩子的爱例外，父母对孩子的爱最终是以分离为目的。意识到这一点，父母需要及早引导孩子敞开心扉，积极主动，学会与人交往，品尝到集体友爱的温暖。

造成小凡这种状况的原因之一是孩子的成长环境，他从小没有兄弟姐妹，与同龄小伙伴的交往更是不多，在家庭中习惯于作为家庭的中心。他不缺乏物质生活，唯独缺乏来自心底的关爱和心灵的滋润。他只懂得被动接受，不知道主动付出。他在家庭里是小皇帝，对外面的世界则无所适从，表现淡漠，就像一只刺猬，做足一切防御，时时提防外界可能带给他的伤害和侵犯。

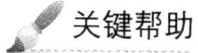 **关键帮助**

◎ 给孩子创造社交的机会

孩子喜欢自己玩是不合群的表现,未来发展下去可能就是孤僻,这很可怕。所以家长首先应该帮助孩子培养小伙伴,比如联系几个同龄孩子的家庭,节假日一起活动,给孩子创造接触小伙伴的机会。家长多邀请孩子的同龄小朋友到家里来玩,鼓励孩子邀请小伙伴参加活动,同时也鼓励孩子去参加小伙伴组织的活动。父母要引导孩子如何与人交往,教育孩子在人际交往中换位思考很重要,"己所不欲,勿施于人",通过具体的生活事例让孩子体会他的言行带给别人的感受,让他设身处地为别人着想,从而改变自己的行为。

◎ 鼓励孩子主动地表达友善

家长要帮助孩子卸掉防护的铠甲,真心去对待同学。比如可以从打招呼开始,鼓励孩子早晨面带微笑主动向同学、老师问好,只有做出了友善的行为,得到了别人的认同,孩子才会体会到快乐。别人就是自己的一面镜子,孩子学会对人微笑,得到的必定也是微笑。家长可以跟老师沟通,让老师给孩子分派一些差事,比如一些管理班级的任务,哪怕是个小组长,孩子就会走出自己的小圈子,动脑筋想更多的事情,主动跟其他人沟通和协作。

◎ 鼓励孩子主动参与学校的集体活动

不善于交流的孩子一般有自卑的心理,比如,因为成绩不突出,很难得到表扬,于是跟同学关系紧张,往往被孤立,久而久之孩子会更加自卑,对周围产生抵触情绪,这极不利于孩子的心理健康。所以父母要肯定孩子的优点,鼓励孩子在学校大胆展现自己,平时上课积极发言,积极参与集体活动。假如孩子体育好，就鼓励孩子积极参与学校的运动会项目，目的是让孩子重新认识自己，给自己一个良好的定位，树立信心。还可以鼓励孩子主动值日，下课后主动擦黑板，热心为集体做事情。让孩子从这些细微的小事做起，让孩子知道自己是集体的一分子，而不是孤立无援的个体。

08
孩子不爱表现自己，如何帮助孩子积极展现自我？

情景回放

张艺谋到河北一个偏僻的小山村选演员，他对村民说："谁想拍电影就站出来！"问了几遍，村民们都不敢回应。最后一个十四五岁的小女孩站了出来："我想。"她叫魏敏芝，就是这个普通的山村小女孩，因为勇敢地站出来，担任了电影《一个都不能少》（此片荣获第56届威尼斯电影节金狮奖）的女主角，几乎一夜间她出了名。7年后，她考上了西安一所大学的编导专业，后到美国继续留学深造。

如果当初魏敏芝没有勇敢地站出来，也许她现在还在那个偏僻的小山村里，面朝黄土背朝天地辛勤劳作。

关键点分析

学会表现自己，这对孩子以后的成功非常重要。在当今激烈竞争的社会中，酒香也怕巷子深，一个人即使有旷世之才，如果不能表现或不善于表现自己，也难以觅到用武之地。所以，家长要教育孩子，当伯乐出现时，千里马不应该躲在马群里，应该跳出来、跑起来，这样才会让伯乐发现千里马。

可是，为什么很多孩子不爱表现自己呢？这可能是由于以下几种原因造成的：一是孩子的性格偏内向、文静，在人多的场合不爱说话；二是孩子缺乏自信，遇到机会时不敢表现自己；三是孩子很少得到别人的关注，内心过于敏感、多疑。

机遇在每个人面前都是平等的，关键要看你如何把握。站出来才能被看见！因此，家长要鼓励孩子勇敢地站出来，展示自己的闪光点，把握住身边难得的机会，以取得更大的成功。

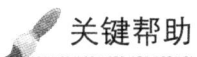 **关键帮助**

面对不爱表现自己的孩子，家长应该怎么做呢？

◎ 引导孩子强化自己的优点

每个孩子都有自己的优点，比如性格内向的孩子，做事相对耐心、细致、稳重。家长要及时发现孩子的优点，并有意识地鼓励、教育、培养，强化孩子在这些方面的优势，为孩子储备表现自己的能量。比如，孩子喜欢画画，就可以给孩子报个绘画班，让孩子通过专业的训练提高绘画的才能，以后有适当的机会，就可以让孩子展现自己的绘画技巧。

◎ 鼓励孩子勇敢地展现自己

当孩子有一些表现的欲望时，家长要及时表扬、鼓励，增强孩子的自信心。即使孩子表现得不理想，家长也要首先肯定孩子能"站出来"的勇气，再给孩子提出一些更好的建议，并坚信孩子可以有更好的表现。比如，家长可以从鼓励孩子上课举手回答问题入手，只要孩子上课举手了，即使老师不提问，也要鼓励孩子的勇敢；如果老师提问了，孩子回答错了，家长同样要鼓励孩子的勇敢，当然，当孩子回答正确时，家长更要鼓励、表扬孩子"真棒"！在这样不断的鼓励下，孩子才会更有信心、有勇气，在课堂上举手发言，大胆地表现自己。

◎ 为孩子提供展现的机会

邀请孩子的小伙伴或亲朋好友到家里玩，让孩子展现自己的才能：绘画、唱歌、舞蹈、朗诵、演奏乐器、手工等，孩子喜欢表现哪方面就展现哪方面，掌声是对孩子勇敢表现的最好鼓励；多带孩子参加一些体育活动，让孩子在锻炼身体的过程中，表现自己的勇气和自信；让孩子为家庭活动出谋划策，鼓励孩子说出自己的建议和想法，只要合理就可以付诸行动，孩子会从中感受到"表现"的成功与满足。

◎ 鼓励孩子参与竞争

几乎每个学期开始，班里就要竞选班干部，家长要鼓励孩子勇敢地参加竞争。在孩子竞选期间，父母可以帮助孩子分析自身的优势，如果被选上能帮班级做哪些事情，如何演讲才能最受同学们欢迎。不管结果如何，只要孩子迈出了这一步，就是一种成功。家长在根据孩子的性格特点对他们的表现欲进行正确引导的同时，也要注意把握好一个度，不能让孩子过分地表现自己，以免滋生虚荣、浮躁心理。

09
孩子自私冷漠，怎样让孩子懂得感恩？

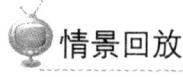
情景回放

小张夫妇俩收入不高，在儿子身上花钱却很大方，再苦不能苦孩子呀。夫妇俩省吃俭用，每顿饭都给孩子做一些好菜，自己却从来不舍得吃；给孩子买名牌衣服，自己几年都没添一件新衣。尽管夫妇俩把钱都花到孩子身上，可孩子并不领情："谁家父母对孩子不这样?!"

夫妇俩辛苦工作了一天，回到家还要伺候儿子，做饭、洗衣忙到晚上，可孩子似乎一点都不懂得心疼父母，还动不动就对父母发脾气、使脸色、摔东西。就因为父母没给他买一双900多元的球鞋，他接连四五天没搭理父母，不和父母说一句话，连正眼都不看一眼。小张夫妇俩越想越难过："孩子怎么这么冷漠、不懂事呢？"

关键点分析

案例中的情景，在许多家庭中已经是"家常便饭"。有的家长安慰自己："只要孩子能把学习搞好，我们再苦再累也值得。"有的家长"放眼未来"："孩子大了就懂事了。"有的家长困惑："父母的爱心为什么会养出'白眼狼'呢？"大部分家长虽然满腹委屈，却拿孩子没有一点办法。

为什么父母辛辛苦苦养大的孩子，会这样自私、冷漠地对待父母呢？庄稼长不好，农民会从自身找原因。同样，当孩子出现自私、冷漠的情况时，为人父母者也不要埋怨孩子的绝情，因为所有的苦果都是自己种下的。

一是家长的过度呵护，使孩子成了温室的花朵。孩子自打出生后，就习惯了父母无微不至的关心和呵护，饭来张口、衣来伸手，慢慢地孩子认为这些都是父母应该为自己做的，把索取当成理所当然的。所以，当父母做得稍不如意时，孩子就会大动肝火，对父母发脾气。

二是缺乏沟通、理解，造成亲子关系紧张。父母习惯于自己承担家里的困难，怕告诉孩子后孩子会分心，影响学习。由于缺乏交流，孩子根本不理解父母的良苦用心，反而觉得父母什么事情都能做，对父母的要求也越来越高，如果父母做不到，孩子不但不会理解，反而会认为自己的父母没本事。

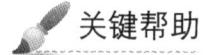 关键帮助

◎ **家长要转变观念**

家长首先要摒弃"只要孩子学习好,其他都是次要"的观念,转变为"培养一个道德健全的好孩子,远比培养一个成绩好的孩子重要"。让孩子意识到,一个人生存在社会上,不能只索取不回报,即使是身边的亲人也一样,别人为自己做了事,自己就要懂得感恩。

◎ **让孩子体验父母的艰辛**

家长对自己的孩子不要报喜不报忧,要经常给孩子讲讲自己工作的艰辛,让孩子明白现在的一切都是靠辛苦劳动得来的。可以适当让孩子了解家里的收支情况,打消孩子过分要求的念头。让孩子当一天家,从洗衣、做饭、打扫卫生做起,体验做父母的辛苦。

◎ **让孩子习惯做家务**

根据孩子年龄大小,安排孩子固定地做一项或几项家务,慢慢养成习惯。让孩子知道作为一名家庭成员,做家务是自己的一项义务,不允许孩子以任何借口来逃避做家务。通过做家务,让孩子学会承担责任。

◎ **父母要放弃过度保护**

家长不要对孩子付出太多、干预太多,不要不辞辛苦地为孩子打理好一切。放弃对孩子的过度保护,让孩子自己的事情自己做,不要再奢望父母的包办代替。孩子在辛苦做事的同时,才会从内心深处感激父母为他所做的一切。

◎ **父母要做出榜样**

父母辛苦了一天回家后,让孩子帮忙拿拖鞋、倒杯水、捶捶背、洗

洗水果。当孩子做这些事情时，父母要及时表达自己对孩子的感谢，给孩子做出榜样。如果父母对孩子做的这些无动于衷，没什么反应，久而久之，孩子也会把父母对他的付出当成理所应当的了。

在爱中长大的孩子会爱人如己，父母要为孩子创造一个爱的家庭氛围，及早在孩子幼小的心灵里播下爱的种子。家庭成员之间互相关爱，孩子耳濡目染，慢慢就能学会关爱他人。在充满爱的环境里长大的孩子，还会对自己的父母冷漠吗？

10 孩子缺乏上进心，家长怎么办？

情景回放

刘女士的儿子上小学三年级了，成绩在班里20名左右，不上不下。无论考试成绩如何，儿子从来不着急，还总能找到理由来安慰自己，特容易满足，没有一点上进心。家长心里着急，不断地和儿子交流谈心，表扬、鼓励、批评甚至惩罚，软硬兼施，什么办法都用了，可没有任何效果，儿子还是一副满不在乎的神情，我行我素。

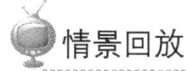 关键点分析

孩子缺乏上进心，原因有如下几种：

◎ 信心受挫

孩子本来是有上进心的，但是父母对孩子的积极行为视而不见，缺乏认同、理解和鼓励。当孩子失败时，父母又讽刺、挖苦、打击孩子。

久而久之孩子就会失去信心，干脆放弃。

◎ 缺乏兴趣

其实，孩子的上进心更多表现为对感兴趣的事物的积极心态和探究行为，如果没有兴趣，孩子就会失去这种动力。

◎ 家庭环境的负面影响

有的家长自己就消极对待生活和工作，家庭中缺乏一种积极进取的氛围。孩子在这种环境中成长，容易形成不思进取的性格。

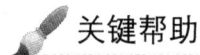
关键帮助

◎ 设定一个"跳起来，够得着"的目标

培养孩子的上进心，核心问题是给孩子设定一个"跳起来，够得着"的目标。

孩子缺少上进心，往往是因为家长给他定的目标比较模糊，不够明确，或者不切实际，所以在孩子看来非常难以实现。每个孩子都是渴望进步的，但是孩子为什么会止步不前呢？可能就是因为感觉家长定的目标自己没办法实现，所以干脆就不去努力了。

有的孩子觉得既然我怎么学也考不上清华、北大，那么我就不用学了。这是个谬论。考不上重点大学还考不上普通大学吗？总会有一个目标让孩子"跳起来，够得着"，所以对孩子自信心的培养也是需要循序渐进的。

从一楼到二楼，没有台阶就很难上去，但有了合理的铺垫，谁都上得去。比如说一个考倒数第一的孩子，你要是给他定个目标，下次考试考前十名，那他下次考试肯定就没信心了；如果你给他定的目标是考倒数第二，前进一个名次就奖励他，这就能让孩子感觉目标并不高，自己可以完成，他就会产生一种达到这个目标的动力。如果孩子达到了目标，家长就要及时鼓励，下一次可以再定一个比较切合实际的目标。这样连续三次，孩子的上进心和自信心都会大增。

孩子感到家长给定的目标难以实现，所以才会自暴自弃。因此，不要总抱怨孩子没有上进心，给孩子设定合理的目标才是培养其上进心的关键，总有一个目标让他"跳起来，够得着"。

◎ 在日常生活、学习中培养上进心

孩子的上进心还要在日常的生活、学习中培养。

家长要给孩子提供一个敢想、敢说、敢做的宽松环境。孩子的心理放松了，才会积极做自己喜欢做的事情。

家长还应该鼓励孩子积极参加学校的各种竞赛，让孩子在公正和平等的竞争氛围中学会如何参与竞争，在竞争中如何表现自己的特长。

家长要善于激发孩子的求知欲望，鼓励孩子尝试用自己的思路去解决问题，并善于发现孩子思维的亮点，及时鼓励、表扬。对孩子而言，一种积木的新玩法，一种游戏的新玩法，一幅信手涂鸦的简笔画，一道数学题的新解法等，都是创新。

11

孩子赢得起输不起，如何培养孩子的抗挫折能力？

 情景回放

周末，康康在家跟爸爸学下军棋，他兴致很高，刚懂了些皮毛，就嚷嚷着要和爸爸比赛。爸爸为了激发儿子学军棋的兴趣，故意输给了儿子。这下，康康可高兴了，逢人便说自己会下军棋了，爸爸都下不过

他。

邻居家的小哥哥来串门，康康非要和小哥哥比赛下军棋。刚巧，这个孩子也学过军棋，两人就兴致勃勃地开战了。结果，不长时间，康康就让小哥哥"杀"了个片甲不留。

康康不高兴了："不算不算，重来重来。"不一会儿，康康又输了。

"我不干了，我不干了。"康康的哭闹声把爸爸妈妈的注意力都吸引过来了，一问，原来是孩子下棋输了。安慰了半天，好不容易才把儿子哄高兴了。

关键点分析

在我们身边，像康康这样的孩子还真不少，这些孩子只爱赢，却输不起。孩子的这种心态，与家长的教育密切相关。朋友回忆儿子成长的类似例子，发现自己太注意借竞赛来激励孩子了：在家里无论是吃饭、穿衣、玩扑克、搭积木等，为了让儿子做事更快一些、更好一些，经常故意输给孩子。偶尔孩子输了，大哭大闹，心软的父母往往又不忍心："别哭了，别哭了，算你赢了！"或者干脆哄着孩子重新玩，然后再故意输给孩子以讨得孩子欢心。

人的一生充满了或明或暗的比赛和竞争，谁都不可能是永远的成功者，输赢的结果谁都会遇到。所以，在教育孩子的时候，既不能过分迁就，一味地让孩子"赢"，满足孩子小小的虚荣心；也不能打击孩子，一味地让孩子"输"，使孩子从小失去竞争的信心。

所以，让孩子"输""赢"，是要讲究技巧的。父母要多创造机会，让孩子在输赢中体验失败的痛苦与成功的喜悦，让他知道，面对失败，只有不断总结经验，查找原因，努力进取，才能走向成功。

关键帮助

孩子成长的过程就是不断犯错误并不断改正的过程，所以从孩子成长和未来发展的角度来看，孩子成绩的起伏和在生活中遇到的一些失败、挫折，都是非常难得的让孩子变成熟、变坚强的机会。但很多家长都没有充分理解这些失败、挫折对孩子的意义，让孩子"输不起"，于是这样的孩子也"赢不起"。

◎ 孩子"赢了"就应该尽力表扬

孩子做某件事情成功了，家长就要对这个成功的点尽力表扬，而且表扬要及时，让孩子感到是真心的赞美。

在孩子遇到挫折和失意的时候，要跟孩子讲，"君子报仇十年不晚，谁笑到最后，谁笑得最好"，让孩子心中有一个美好的未来，要让孩子明白：要达到的目标越高，就越会比别人经历更多的挫折、挑战和失败，也才能走得更高、更远。

◎ 在与别人的相处中反思自己

性格好胜的孩子往往经受了更多的磨炼，父母可以在假期里让孩子独立参加夏令营等集体活动，增强集体意识，在跟同龄人的相处中反思自己的行为，学习妥善处理个人行为与集体行为的关系，如何做到既彰显个人的优势，又与团体和谐统一。

平时多引导孩子，在跟同伴相处中多看别人的优点，知道"人外有人，天外有天"的道理，只有多向优秀的同伴学习，取长补短，才可以更快地提高自己。有时候要学会把自己看低点，把别人看高点，这不意味着自己要变得自卑，而是更好地吸纳别人的优点，积蓄自己的力量，使自己在漫长人生中走得更稳健、更远。

◎ 与孩子分享失败的经历

一个人从失败中站了起来的时候，便多了一份财富，多了一份坚强，所以从这个意义上来讲，失败是取得成功的一个基础。

在孩子遭遇失败时，应该让孩子懂得：失败是任何人都不可避免的，失败虽然让人很不愉快，但完全可以战胜它。孩子可以从别人战胜失败的经历中，激起内在的上进热情，进而转化为战胜挫折的信心、勇气和动力，获得面对失败的力量。要让孩子知道，真实的人生就是在屡败屡战中不断成长的。

12
孩子太过追求完美，家长该怎样为孩子减压？

情景回放

同事的女儿过去学习成绩非常优秀，在班里一直保持前三名。可是，自从孩子进入四年级后，同事就发现孩子的心态不是很好，太追求完美了。每次考完试后，孩子都会为自己的小小失误，比如写错一个标点符号、一个数字等，后悔地痛哭一场，甚至是连最喜欢吃的饭都不吃了。倒不是为了名次，考第一也是如此。

由于学校里小考不断，所以，这孩子隔不长时间就"闹"一次。年龄这么小的孩子，很难避免小失误，刚开始，同事还耐心地劝解、安慰女儿："没关系的，下次注意就行了。"可是，次数多了，当妈的也烦了，慢慢由劝解改为训斥，嫌孩子没事找事。

同事很苦恼，自己就是当老师的，知道这样的态度对孩子不好，而孩子这样的心态，对她以后的成长也不利。

关键点分析

孩子的这种心态，其实与家长的要求过于严厉有很大关系。有些家长不允许孩子犯一丁点儿错，哪怕是写错一个字，也会严厉地批评孩子。家长对孩子的考试成绩特别关心，不管孩子考了第几名，哪怕只失掉一分，家长都会盯着孩子的错误不放，甚至会惩罚孩子。

可怜天下父母心啊，谁不是为了孩子好呢？家长这样做，也是为了让孩子养成细心的好习惯。但是，凡事都要有个度，既然孩子的成绩一直很优秀，说明孩子在同龄人中已经是很细心的了。如果家长再过分地要求，只看到孩子的微小失误，对孩子的成功却视而不见，久而久之，孩子就会陷入"完美"中不能自拔。

如果家长不及时改变对孩子的态度，一直盯着孩子的小失误不放，后果还会更严重，孩子慢慢就会对自己的学习能力产生怀疑，从而失去对学习的自信心了。

孩子的学习能力虽然有高有低，但学习态度直接影响着孩子的学习成绩，同样一个孩子，如果学习态度不积极，他的成绩肯定会不理想。家长的态度会直接影响孩子的心态，因此，做家长的一定要注意自己的一言一行，时刻给孩子传递积极、正面的信息，让孩子保持正确、积极、健康的心态。

关键帮助

在教育孩子的过程中，家长的作用无人能替代。家长对孩子的影响力，对孩子的成长起着最关键的作用。

◎ 家长要淡化学习的功利色彩

学习本身就是苦尽甘来的过程，所以不想吃苦的孩子，往往没办法进入学习的最佳境界,而敢于吃苦、乐于吃苦的孩子会感觉学习并不像想象的那么苦,甚至还能体会到学习中的快乐。

所以家长应该从对学习的功利心中解脱出来,对孩子的未来有全面的考虑,明确现在的学习对孩子未来的意义,引导孩子去挖掘学习中的快乐,而不是一味地强调分数。但是现在很多家长都没有这个观念,而是把学习等同于考试,把学习等同于排名,这本身就会给孩子很大压力,甚至是在摧残孩子。

还有很多家长给孩子报了各种各样的特长班、辅导班,但是没有考虑孩子有没有兴趣和能力学好这些东西,而只是盲目攀比,歪曲了学习的真正意义。

◎ 注意自己的言行

父母是孩子心中的权威,是孩子最信任的人,父母的言行会给孩子重要影响。现在社会上有很多不太正常的现象,比如,大学生去当掏粪工、去卖猪肉等,但这些仅仅是个案,并不是社会的主流。家长不要当着孩子的面议论这些负面的个案,以免让孩子的心态受影响。做父母的要时刻牢记,在孩子面前注意自己的言行,始终给孩子传递积极的信息,这样才有利于孩子形成良好的心态。

◎ 营造积极进取的家庭氛围

身教重于言教。父母对工作和学习的积极态度,对孩子的影响是深远的。如果孩子看到父母每天努力工作,回家还不忘看书学习,相互交流工作的乐趣,从不抱怨工作的辛苦,那么父母这种良好的行为和积极的人生态度,就为孩子营造了一个健康、积极进取的家庭氛围,在这样的氛围里成长的孩子,心态往往是健康、积极、乐观的。

◎ 了解孩子的特点

家长最了解自己孩子的性格,对不同性格的孩子,家长的要求要有所不同。像本节案例中的孩子，家长就要以肯定成绩为主，慢慢淡化孩子对失误的懊恼情绪，增强孩子的自信心。而对知识掌握不牢却盲目乐观的孩子，则要适当要求严格一些，督促孩子查漏补缺，通过练习强化对知识的理解、记忆。

13 孩子在名校压力很大，家长要如何抉择？

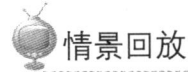
情景回放

望子成龙、望女成凤是每个家长的愿望。小刘的女儿由县直一所普通小学转入市重点小学后，一家人却开始烦恼起来。原来女儿在高手如云的名校中压力太大，开始厌学了。

小刘的女儿原来在离家很近的一所小学读书，无论是学习成绩还是其他方面都不错，上学、放学都不用父母接送。由于小刘的丈夫调到市里工作，夫妇俩就决定给孩子提供一个更好的学习环境，把孩子转到市里的一所重点小学。

可谁想到，进入重点小学没多久，小刘就发现女儿不像原来那样爱说话了，放学回家喜欢一个人发呆。原来，重点小学里学习好的同学太多了，高手云集，竞争激烈，女儿感觉压力很大，小小年纪就开始失眠。期中考试了，女儿的成绩在班里排名中等偏下，一下子从白天鹅变成了丑小鸭，孩子怎么也接受不了。她越来越怕见老师，越来越不愿意去学校，对学习也越来越没信心了。

看着女儿这么小就失去了快乐和自信，小刘夫妇既是心疼又着急，真不知怎么办才好。

关键点分析

不可否认，名校在教学设施、师资力量、生源状况上确有其优势。但是，相对于普通小学来说，孩子在名校的压力也确实不容忽视。一是名校的优质生源过于集中，出类拔萃的学生相对较多，同学之间的竞争压力大；二是名校的班级人数多，教师的授课不可能兼顾所有的学生，更不可能对每一位学生精雕细刻，造成一部分接受能力稍差的学生难以适应；三是名校的学生高手太多了，孩子得不到老师的青睐，会感到很失落；四是孩子进入名校，往往对自己的要求较高，无形中也增加了心理压力；五是名校的孩子还要承受来自父母的压力。

如果孩子的压力不能得到及时的缓解，势必在心理上产生阴影，失去自信，甚至像案例中小刘的女儿那样焦虑导致厌学，这对孩子的心理成长和性格形成是不利的。

关键帮助

现在家长选名校、选实验班的心情是可以理解的，但是很多家长这样做往往不是为了孩子，而是为了自己脸上有光，却没有想过孩子是不是真正适合这个环境，没有真正为孩子考虑。如果孩子进入一个不适合他的环境，对孩子有百害而无一利，是非常残忍的事情。只有适合孩子的学校才是最好的。

◎ 不要轻易从普通学校转到名校

我有个朋友的孩子在一所普通学校，家长认识我之后，想把孩子转到人大附中，我想可怜天下父母心，就帮了个忙，把孩子转到人大附中了。结果这个孩子从普通学校转到人大附中的实验班之后，就像羊入狼窝一样，跟周围同学的差距太大，每次考试几乎都考倒数第一。时间长了,他就觉得同学和老师都瞧不起他,但他又是个好胜心非常强的孩子,所以他觉得既然学习比不过别人,就要在其他方面超过别人,于是他就穿奇装异服,搞恶作剧,希望在外表和行为上引起别人的重视。这样一来,同学更瞧不起他,老师更批评他,如此形成了恶性循环,一年多之后,这个孩子已经变得无可救药。结果他的家长对我说:"我这辈子做的最错误的决定,就是让孩子转去人大附中的实验班!"

听了他这句话,我心里非常愧疚,反思了一下,先前凡是请我帮忙把孩子转到重点学校、重点班的家长,我帮了人家几乎都是帮了倒忙。后来我就给自己立了个规定,就是朋友请我帮忙时,其他力所能及的事我一定帮,只是要求把孩子转到实验班这件事我不能帮。

◎ 必要时从名校转到普通学校

我另外一个朋友的孩子,上学比较早,而且上的是当地最好的一所学校,结果孩子在班里年龄最小,心智发展不如其他孩子,成绩不好,老是排倒数几名,自己压力也很大。家长找到我问怎么办,我给家长的建议是:第一,抓紧时间转学,转到普通的学校里,孩子的名次可以排得靠前一些,这样压力减轻,阳光性格和自信心很快就能培养起来;第二,留一级,让学习的内容适应他的心智发展,这样孩子在学习上就能跟得上了,心情也会慢慢变好;第三,想尽一切办法让孩子与别人缩小差距,让孩子每天进步一点,给孩子定微小的目标,让孩子"跳起来,够得着",一点一点进步。

最后家长选择了给孩子转学,转到一所普通的学校,结果这个孩子通过家长的帮助,立即在班里成了很突出的学生,在老师经常的表扬和欣赏下,孩子的自信心也恢复了。

所以在选择名校这个问题上,不是看家长的需求,而是看孩子的性格、基础和心态是否真正适合所在的环境。

14
孩子不诚实，如何培养孩子诚实的品性？

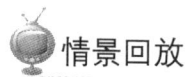 **情景回放**

小王的女儿已经上小学三年级了，在大人眼里孩子一直是很乖的，学习成绩也还不错，小王对女儿也一直是很放心的。

可是有一天，小王发现女儿带了一本同学的作业回家抄，这太不应该了！小王狠狠地把女儿批了一顿，觉得还应该跟女儿的老师沟通一下，就给老师打了个电话。没想到老师的话更让小王吃惊，原来女儿竟然撒谎，有一次明明是她的作业没完成，可她骗老师说作业本忘带了，结果老师在课堂上发现女儿其实带着作业本，只是作业没完成。

听到这种情况，小王的肺都快气炸了。他责问女儿为什么要骗老师，没想到女儿轻描淡写地说：来不及做完，所以就没交。

后来又发生过几次类似的现象，本来是女儿忘了记作业，竟然撒谎说老师没布置作业。

乖乖女究竟怎么了？小王真是既痛心又失望，面对这样的孩子，真不知道要怎样沟通才好。

关键点分析

其实，对于小孩撒谎，家长也没必要大惊小怪，因为孩子对诚实的理解以及对道德的认识尚且不全面，也不完善，所以有时难免出现说谎现象。父母如果不能妥善地处理和引导，将会导致孩子心智发育上的偏差。那孩子为什么要撒谎呢？

◎ 逃避责罚

许多孩子撒谎，就是为了逃避大人的责罚。孩子做错事情对父母说实话时，往往会招来一顿严厉的责罚。孩子都是很聪明的，下次再犯类似的错误，便会用说谎来掩饰自己的过错，结果这种掩饰可能得到了父母的宽恕。于是孩子"学乖了"，再做错事时干脆继续说谎来掩饰。

◎ 父母过于严厉

有的父母对孩子的期望过高，孩子一旦达不到要求，轻则斥责，重则打骂。这种严厉惩罚的教育方式，会造成孩子的恐惧心理，孩子干脆选择"谎报军情"的方式来逃避惩罚。

◎ 满足虚荣心

有的孩子为了引起小伙伴的注意，或获得周围亲人的赞赏，自吹自擂，把自己做的很微小的事吹嘘得无限大，甚至把自己想象的事情直接说成是自己做的，而对自己没做好的事，怕丢脸，便撒谎说那件事不是他做的。这些都是为了满足孩子的虚荣心。

◎ 逃避责任

有时孩子因为不愿意做或不能做某事时，便撒谎说自己"头疼"、"肚子不舒服"等，用各种谎言去欺骗父母或老师。而这种谎言又往往能得到父母或老师的同情，孩子以后便也常用说谎来逃避责任了。

据专家统计，孩子的 700 个谎言中，有 70% 是出于畏惧惩罚和怕被嘲笑，10% 与孩子的想象、夸张有关，20% 是故意说谎。

关键帮助

要想纠正孩子的撒谎行为，家长要注意如下几点：

◎ 冷静对待

发现孩子撒谎时，一定不要被愤怒冲昏了头脑。要冷静，忍住不发火，和颜悦色地询问孩子，找出孩子说谎的动机。了解孩子说谎的原因后，父母要及时向孩子说明道理，使孩子懂得为什么不应该说谎。

◎ 弥补过失

了解孩子为什么撒谎后，父母对孩子做错事和说谎的动机表示理解的同时，要启发孩子用实际行动来弥补自己的过失。

◎ 就事论事

对撒谎的孩子，父母要做到就事论事，在分析指正错误后，就把孩子的过错忘了吧。只要父母已经原谅了孩子，就要对孩子既往不咎，让孩子找到认错的勇气，从此远离谎言。指责只会增加孩子的逆反心理，信任是可以消灭谎言的。

◎ 言传身教

父母要用实际行动告诉孩子："犯错误是一件自然的事，只要改正了就好。撒谎不但不是解决问题的最好办法，反而是在原来错误的基础上犯的更严重的错误。"孩子会感到能与父母沟通，那么，在以后的成长中，他就知道不再需要撒谎了。

15
孩子常常"对着干",如何让孩子不再逆反?

情景回放

明明是个五年级的男孩,头脑聪明,学习成绩很好,人见人夸。小时候,他是个比较听话的孩子,家长让他做的事,他基本上会没有怨言地完成。不过,从五年级开始,情况突然发生变化,他的脾气大了起来,不再对家长言听计从。家长让他学习,他却要听音乐;家长要带他参加聚会活动,他说不愿参加。他还动不动就反驳父母,认为只有自己的意见才正确。日常生活中,他对父母提的要求越来越多,也越来越奇怪,如果不能得到满足,他便马上跟父母争吵。

最初,父母只是觉得他有点任性,但还不是原则问题,也就顺着他,但后来情况变得严重了,他有时急不择言,出言很伤父母的心,特别是父母批评他不爱学习时,他曾用非常过激的语言顶撞父母,让父母很难堪。

关键点分析

家长要明白,青春期并不等于逆反期。

孩子其实不存在"逆反期",逆反只是一种情绪,一种做法,无所谓"期"。好多家长把孩子的青春期定位为"逆反期",这是一个误区。逆反的情绪每个人都会有。家长心里之所以有"逆反期"的概念,是因为孩子在青春期心理上和生理上成长很快,但是家长还觉得他们没有长大，想要控制孩子，而孩子已经有了自己的想法，不再接受这样的教育了，所以会产生逆反。

 关键帮助

◎ 超前一步对待青春期

青春期的孩子最容易逆反，但不能说孩子一定有逆反期。家长一定要用超前发展的意识去看孩子，对孩子的要求和教育方法不能停滞不前。孩子12岁了，家长还按照幼儿园的教育方法去教育，这时候孩子肯定就不买账了。

家长应该怎样认识孩子的逆反？孩子的逆反，责任不在孩子，而在家长。家长以为病根在孩子，其实病根在家长，需要治疗的是家长。所以家长要提前了解青春期孩子的特征和需求，超前一步去对待孩子，并考虑好自己应该怎么做。

◎ 讲原则，讲道理

家长在养育孩子的过程中，不要一味宠爱、纵容、迁就孩子，溺爱的后果往往就是孩子的"逆反"。家长在日常生活中要做表率，凡事要讲原则，处处站在真理的一边，杜绝胡搅蛮缠的习惯和毛病。在这样的家庭中，孩子才能始终保持理智的心态，才能客观地思考问题，理性地处理与别人的意见分歧。

◎ 理解孩子的独立意识

家长更要给孩子充分的理解，让孩子感觉到来自父母的爱和宽容，奠定亲子沟通和交流的感情基础。孩子的"逆反"心理和举动，从某种角度来说未必是坏事，它是孩子具有独立意识的表现，孩子不惜与家长对立也要表达自己的想法，正是想摆脱家长处处保护和包办的束缚。

家长要放下架子，倾听孩子的心声，试着接纳孩子的想法。即使孩子说错了，也要给予宽容，与孩子深入沟通，引导其接受正确的意见和建议，这样才能让孩子从逆反的情绪中走出来。

16. 孩子任性不讲理，家长该如何应对？

 情景回放

蓉蓉是个漂亮的小姑娘，很招人喜欢，但在家人面前却非常任性。她的爸爸妈妈都在外地做生意，不能照顾她，对她有歉意，所以一有机会就要对她"补偿"，每次相聚时都要给她许多零花钱，让她想要什么就去买什么。蓉蓉是在爷爷奶奶身边长大的，爷爷奶奶很宠爱她，对她百依百顺，无论她提什么要求都尽量满足她。时间长了，蓉蓉脾气大起来，越来越任性，稍觉不痛快就大哭大闹，有时还把自己关在屋里半天不出来。

蓉蓉在家被娇惯得很任性，到了学校也任性得很，对老师的批评根本听不进去，一听就哭，对待同学很霸道，总想指挥别人，同学们对她很有意见，都不愿跟她玩了，她恼羞成怒后越发任性。老师把这些情况告诉了她的父母，父母觉得问题严重了，心急火燎地将生意中断后赶了回来，希望能改掉她任性的毛病。

关键点分析

现在基本上每个家庭都是一个孩子，都是宝贝。但孩子的成长如花草的繁盛一样，既需要阳光，也需要风雨的洗礼，否则孩子的性格会走

向畸形。家长对孩子的爱应该包括两个方面：一是关心照顾，二是监护教育。关心照顾要适度，监护教育要及时。两方面缺一不可，只重其中一面，都会导致孩子性格发展不完善。关心照顾过度，教育说理缺乏，就会宠坏孩子，养成任性的毛病。

蓉蓉的任性主要是爷爷奶奶长期溺爱、父母过度宠爱造成的。一味纵容、忍让和袒护孩子，都会使孩子更加任性，一旦发起脾气来，家人尚且不能忍受，外人更受不了。这样的孩子在品格方面是有缺陷的，长期下去情感上会更冷漠，走入社会时容易碰壁，所以需要及时矫正。

需要指出的是，蓉蓉与她的家长之间，形成了固定的互动模式：家人所有活动都围绕她转，蓉蓉始终处于主动地位，她提出的所有要求基本上都会得到满足，即使有些要求是不合理的，家长拒绝了她就会发脾气，她一发脾气，家长就会让步。她从中体会到任性带来的好处，便会更加任性，以后又会重复这个过程。孩子的心理问题常跟家长的态度和言行有密切关系，一旦孩子表现得非常任性和不讲理，家长要适时检讨自己，改变错误的爱子方式，在关爱孩子身体成长的同时，更多关注孩子的性格养成，让孩子的身体和心灵都能健康成长。

 关键帮助

◎ 家长疼爱孩子要适度

爱孩子不等于溺爱孩子，溺爱不是爱，而是害。可以在日常生活中关爱孩子，照顾孩子的饮食、冷暖，这些都是人之常情，无可厚非，而且也是家长应该做的。但建议家长切不可把对孩子的疼爱无限放大，孩子想吃啥就给啥，想穿啥就买啥，哭了就哄，摔了就扶，这样只能助长孩子的坏脾气。试试控制一下孩子的欲望，在满足其要求前先设置一些条件，别轻易就答应孩子的要求，孩子的性子就会收敛许多。

◎ 隔代教育问题多

隔代教育和留守儿童有很多隐患和问题。隔代教育是把孩子当宠物来养，在孩子最应该跟父母在一起、接受父母教育的时候，把孩子留在农村或者留给爷爷奶奶来照料。但是爷爷奶奶的角色只是"饲养员"，而不是把孩子当"人"来教育，这会产生很多问题和隐患。

◎ 家长要在孩子面前树立威信

家长是长辈，是监护人，在孩子面前始终要占据主动，不能被孩子牵着鼻子走。孩子还小，有些要求不尽合理，甚至不利于身心健康，家长要果断拒绝。如果孩子在要求遭到拒绝时使出"杀手锏"——哭闹，家长也不能心软，要坚持自己的原则。孩子在某件事情上任性时，家长当时不要让步，平静下来以后再沟通。当时不让步会显得家长有些无情，会让孩子觉得家长过于冷酷，所以过后等孩子情绪稳定的时候要再沟通交流，要让孩子感受到来自家长的爱和温暖，这样比在孩子又哭又闹的时候强迫孩子效果要好得多。

◎ 家长要试着与任性的孩子谈心

像蓉蓉这样的孩子，在与老师、同学的相处中，已经因为任性给别人也给自己带来许多不愉快，家长可以把任性造成的后果给孩子分析透，让孩子自己也认识到任性并不是件光荣和值得骄傲的事情，而是必须改正的毛病。孩子之前已经有了社交受挫感，很容易接受家长的分析和帮助，借以弥合受伤的心灵。

◎ 家长要切实帮助孩子改掉任性的毛病

家长可以跟孩子推心置腹，结成改正坏脾气、坏习惯的"对子"，互相监督，互相提醒，共同进步。父母可以放低姿态，与孩子相约：遇事谁也不许发火，不许发脾气，只准摆事实、讲道理，谁的意见正确就听谁的，谁没正当的道理，就不能再坚持。这种方法对调节和改善情绪很有帮助。但家长要注意，既然与孩子相约，就要说到做到，遇事不要轻易发脾气，与孩子"硬来"，否则只会让孩子效仿，越来越任性。

17 孩子好奇心很强，如何培养孩子的探究意识？

📺 情景回放

回忆一下，你在教育自己的孩子时，遇到下面的问题是怎么做的：

＊你刚给孩子买来新玩具，孩子兴奋地在玩，慢慢把玩具拆开了，可怎么也装不起来了。看着崭新的玩具变成了一堆废铁，你……

＊下班回来，看到阳台上你心爱的花被从土里挖出来了，盛在喝水的杯子里，里面还撒了一些大米，你……

＊你的手表找不着了，原来让孩子放到脸盆的水中了，你……

＊到吃饭时间了，可孩子还没回家，当你发现孩子正聚精会神地对花坛里的一群小蚂蚁端详来端详去的时候，你……

＊白天上班太累了，躺在床上眼都不想睁开了，可孩子还缠着你刨根问底："小鸟为什么会飞？秋天的树叶为什么变黄了？"你……

还用问吗，大多数家长早不耐烦了："这孩子怎么那么多事啊？"

对不起！你已经无意中把孩子的探究兴趣扼杀在摇篮里了。

❓ 关键点分析

探究，就是指"探索研究"，即努力寻找答案、解决问题。

有一件让我感受很深的事情：我上大学的时候，我们宿舍有10个人，有一天聊天，发现所有人小时候都把家里的钟拆开过，为此都挨过揍。打烂一个旧世界才能建立一个新世界，青少年的这种探究意识是非常宝贵的，探究往往伴随着一种破坏，家长应该正确对待，比如玩具拆坏了其实是有意义的，但是家长往往会责备孩子，这是非常不好的做法。

因此，保护孩子对事物的好奇心和求知欲，让孩子通过自己的亲身体验，反复尝试获取知识，哪怕多次犯错、失败，孩子也会一直探索下去，这才是孩子最需要的。

所以，父母要有宽容心，不要对孩子无意的"小破坏"行为不依不饶，否则会扼杀孩子宝贵的探究心理。相反，当发现孩子想用"鸡蛋孵出小鸡"而打碎了鸡蛋等类似的行为时，不要认为孩子是故意捣乱而去谴责他，那是他难得的好奇心和探究心的萌芽，一定要注意鼓励和保护。

关键帮助

为了培养孩子的探究意识和习惯，家长应该怎么做呢？下面以生活中的一个简单现象为例，说明探究的基本环节，供家长参考：

◎ 发现问题

在我们的生活中，有许许多多有趣的现象和问题，有的孩子好奇心强，善于提问；有的孩子内向，心里虽有疑问但不说出来。家长要根据自己孩子的特点，及时引导孩子发现问题，并让孩子对发现的问题说出自己的想法。

比如，孩子发现夏天人们喜欢穿浅色的衣服，家长可以引导孩子提出问题：是不是穿浅色的衣服感觉凉快呢？

◎ 设计实验方案

当孩子说出自己的想法时，家长不要急着回答孩子的疑问，也不要对孩子的想法做出评判。要给孩子思考的时间，然后让孩子自己想办法解决问题。简单的问题孩子一般能想出办法来，稍微复杂一些的，家长可以和孩子一起想办法，设计出研究问题的方案。

比如，把浅色衣服和深色衣服同时放到阳光下，看过一段时间后哪一个的温度高。

◎ 提供必需的材料

当孩子确定好实验方案后，家长要给孩子准备好必需的材料，最好按照需要多准备一些，供孩子随时选择使用。提供的材料要考虑孩子的年龄特点和安全因素，无论孩子探究什么问题，安全永远是第一位的。

比如，家长给孩子准备两只温度计、白纸、黑纸、白色衣服、黑色衣服、闹钟（或别的计时工具）。

◎ 记录实验现象和数据

给孩子充分的时间，让孩子自己完成实验探究过程。由于孩子年龄小，虽然好奇心强，但看热闹的心理更强，很多现象看过之后就忘了。因此，家长要提醒、指导孩子把实验现象和实验数据及时记录下来，让孩子逐步养成习惯。

比如，让孩子先读出两只温度计的示数，做好记录，然后把温度计分别包在白纸（或白衣服）和黑纸（或黑衣服）中，放在阳光下一小时或更长时间，用手分别摸一摸，再记下温度计的示数和自己的感觉。

◎ 分析实验现象

做完实验后，要让孩子根据记录的实验现象和数据，分析得出实验结论，这是探究实验很重要的一个环节。也许孩子通过实验还得不出完整的结论，但可以让孩子把自己的发现记录下来，或许孩子又会发现新的问题，这会是孩子更大的收获。

比如，黑色物体比白色物体感觉热一些，黑色物体里的温度计的示数上升得高，黑色物体吸热能力强等。

18 怎样培养孩子的创新精神？

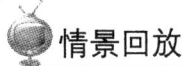 情景回放

先来看网上的一篇小学生作文片断：

在做数学题时，有时候遇到某道题做不出来，我常把题目分成两个或更多的部分，一部分一部分地解决，这样整个题目也就迎刃而解了。我觉得这是个非常有用的思考问题的方法。

星期天，我一个人在家，同学约我去打羽毛球，我的羽毛球拍子却掉在五斗橱后拿不出来。而柜子又太重了，我也搬不动。这时，我想起了那个化整为零的方法，就把抽屉一只只搬走，柜子就轻了，我再挪了一下柜子，羽毛球拍子便被我取出来了。

关键点分析

看完这篇作文片断，你有何感想？你不觉得这位小作者在作文中体现了他具有创新思维的萌芽吗？这对小孩子来说是非常难能可贵的。

创新并不是我们想象的那么神奇，也没有我们想象的那么艰难，创新就体现在我们生活的点点滴滴中，创新就在我们的身边。

其实，小孩子的创新意识，并不需要多复杂、多先进，可以简单到为一件玩具想出的新玩法，为一种游戏想出的新思路，为一道数学题想出的新方法，为一个新发现的现象提出的新问题，为某一个小问题想出的新探究方法等。

培养孩子创新意识的方法、路径是多种多样的，重在家长要始终做个有心人，并不断鼓励孩子坚持到底。

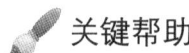 **关键帮助**

要培养孩子的创新精神和创造性思维，家长可以尝试以下几点建议：

◎ 鼓励孩子大胆提问题

孩子往往会提出各种各样奇奇怪怪甚至有些荒诞的问题，这是因为好奇心是孩子的天性，家长要尊重、爱护孩子的好奇心，鼓励孩子多提问题。

当孩子想知道原因而不停地问"为什么"时，父母不要急于回答，要让孩子说出自己的想法，激发起孩子的探究情绪，这也是培养孩子的创新意识的起点。

◎ 多带孩子去书店

多带孩子去书店，让孩子自己从书中去寻找答案，这样孩子的阅读兴趣会大大提升，他的创新精神也就有了落脚之地。培养创新意识不能空谈，多带孩子去书店，让他独立发现问题和解决问题，本身就是对孩子创新精神的培养。

◎ 把知识应用于家庭活动

一个人体验到了成功的喜悦，便会激起更多的追求意念，兴趣是最好的老师，成功是兴趣的支柱，一个人对某件事有了兴趣，便会乐此不疲。

因此，家长要寻找一切可利用的机会，让孩子把在学校学到的知识应用于家庭活动中，解决一些简单的生活小问题，或者是解释一些生活中的常见现象。孩子在将所学知识与生活实际紧密结合的过程中会看到自己的力量，增强学习的信心，进一步激发起创新的意识。

◎ 在游戏和活动中引导孩子创新

孩子都喜欢做游戏，在孩子游戏与活动时，家长可以有意识地做一些引导和启发。比如说，教孩子玩折纸飞机游戏，提醒孩子想想：怎样让纸飞机飞得更高？孩子通过变换纸飞机的折叠方法、更换纸张等多种方式，慢慢探索让纸飞机飞得更高的方法。长此以往，孩子就会专注地问自己一个"为什么"，发现问题，解决问题，进而增强创新精神。

◎ 在生活的点滴中培养孩子的创新精神

创造性思维是灵活、变通、独特的思维。平时在家庭生活中，家长要有意识地培养孩子的创新精神。比如，和孩子一起猜谜语、对对联、玩智力游戏、下棋打牌，鼓励孩子"标新立异"、"异想天开"和"纵横驰骋"，从而培养孩子勇于探索、敢于创造的独创精神。或者让孩子做做数学趣味题，鼓励孩子一题多解，举一反三，然后找出最简洁的解法。这些方法都可以培养孩子思维的流畅性和变通性。

总之，家长要根据自己孩子的特点，用不同的方法开发孩子的创造潜力，只要坚持就一定会有收获的。

19 孩子不想坚持学乐器，要不要放弃？

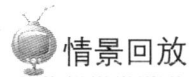
情景回放

婷婷是个非常漂亮的女孩子，看她喜欢钢琴，妈妈教女心切，为她多方找人请了一位音乐学院很有威望的钢琴教授。教授名下自然有很多学生慕名而来，教授上课时间短，要求严格，态度比较严厉，婷婷时常会遭到训斥，慢慢地越来越不想练琴。

一天，到了练琴时间，婷婷就是没有动静。妈妈在房门外踱步，眉头深锁……

妈：婷婷！快去练琴！

婷：等一下，我还没写完作业……

妈：不行！这么长时间怎么还没写完？弹完琴再写！

婷：……（索性沉默对"敌"）

妈妈一把拧开房门，却发现婷婷正在用MP4听音乐。妈妈的气不打一处来。

妈：你，原来在听音乐！！快给我去弹琴！

婷：我今天晚上不想弹琴！就是不想弹！！

妈（终于爆发）：你！你知道我们为你学这个破琴费了多少心思吗？你知道我们搭了多少人情吗？一节课你不知道花多少钱啊？我们赚钱容易吗？我们都是为你好啊！等你早点考出钢琴10级证书来你就可以加分了！哭什么哭？快练琴！

婷婷眼含泪水，被妈妈一番武力拖到了琴凳上……

此情此景，轮番上演，婷婷对练琴变得厌恶无比，在她眼里每天晚上弹一小时钢琴就是地狱一般，她甚至在日记里狠狠地诅咒，一定要砸掉钢琴……

关键点分析

有句话说，"你已经走得太远，却忘了为什么要出发"。相信大部分家长是抱着陶冶孩子情操、提高素质的出发点让孩子走上了学习乐器的道路，但是当不间断的斥责怒喝和功利因素加入学习乐器的过程中时，已经与出发点背道而驰。

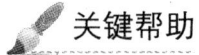 关键帮助

◎ "有兴趣"和"能吃苦"是最重要的

兴趣是最好的老师,让孩子学习某种东西之前,最好先不让他学,而是家长先通过认真地"备课"去激发孩子对该事物的兴趣,这样孩子才会真心喜欢,再去学习的时候就会事半功倍。

家长还要告诉孩子,做任何事情之前,都要做好吃苦的准备,因为要取得比别人更大的成就,必然要比别人付出更多的努力,所以要做好吃苦的准备。先让孩子有兴趣,再做好吃苦的准备,这样孩子一般都能接受家长的建议。

◎ 反思孩子不想学习乐器的原因

孩子不想坚持学乐器,原因之一是家长把孩子逼得太紧。比如学钢琴,今天考6级,明天考10级,为了考试加分,完全陷入了功利的怪圈,并不是孩子自己喜欢才学习,而是被家长逼得太紧。孩子压力太大,自然不想坚持学习。所以家长应该降低对孩子的期望值,不要给孩子太大的压力,别让孩子受到伤害。

父母需要冷静下来,换位思考。练琴很枯燥,孩子最初的热度褪去,遇到了学习的困难,或者受到老师批评,信心下降,开始磨洋工,心不在焉,不愿练琴,父母这时往往会怒从心生,对孩子袭来一阵暴风骤雨,孩子慑于家长的权威或许会抽泣着坐在琴凳前。其实想一想,让孩子学琴的目的是要孩子成为钢琴家,还是只培养兴趣、陶冶情操?前者显然是极少数,不是所有的孩子走了郎朗的学琴道路都可以变成郎朗。绝大多数都是属于后者情况,那么父母就要多体谅孩子,理解孩子的辛苦。

◎ 父母要改变态度，灵活处理

想办法调节一下孩子的心情，肯定孩子已经付出的努力，及时给予鼓励，树立孩子的信心。如果孩子嫌规定的练琴时间太长，也可以理解一下孩子，适当缩短一点，并达成君子协定，让孩子在这个时间内投入地弹琴。这样孩子就会感到父母很理解自己，从而自觉练琴。

家长要多注意引导和培养孩子对乐器的兴趣，特别是对音乐的兴趣。在孩子演奏的时候给予及时的鼓励，比如可以故作陶醉状……调动自己的一切智慧，减少对孩子的压力和伤害，让孩子重拾兴趣，这样才能在学乐器的路上走得更高更远。放弃并不是一个正确的态度和方式，只有良性引导，培养孩子对音乐的兴趣，才是根本的解决之道。

在孩子学琴的过程中，老师的选择也很重要。一位理解孩子的心理状态，具有亲和力，更能调动孩子学琴兴趣的老师更能被孩子所喜爱。家长与老师也要保持沟通，对于孩子出现的问题及时交流，态度一致，齐心协力地帮助孩子取得进步。

被逼学琴的孩子没有童年，如果孩子是真心喜欢学琴，他的童年会比其他孩子的童年更精彩。学习乐器是一个漫长的过程，练琴也是艰苦而枯燥的经历，可以培养孩子的毅力。能坚持学琴而不轻言放弃的孩子，在生活或者学习中会有一种战胜困难的毅力，也能体会到音乐的乐趣。学琴是对父母和孩子的双重考验，家长应该尽量把练琴过程变得愉悦，使孩子以快乐的心情对待乐器的学习。多多鼓励孩子，继续坚持，进步就在坚持之中。一旦孩子体会到胜利的乐趣，就会有发自内心的成就感和满足感。

Part 2

理解孩子,也让孩子理解你

01 爸爸在孩子成长中应该扮演怎样的角色？

情景回放

大龙是五年级的学生，他的爸爸是开公司的，生意比较忙，把养育孩子的任务"很大方"地全部委托给了孩子的妈妈，自己成了"甩手掌柜"。大龙的妈妈自从怀孕后就辞职在家，专职照顾家、照顾孩子。大龙平时与父亲在一起的时间不多，因为父亲总是忙碌，总是有应酬，大多数时间大龙都是与妈妈在一起，有了心事都跟妈妈说，言行举止也大多效仿妈妈，所以他在性格上有点女性化，说话细声慢语，做事慢条斯理，心也比较敏感，经受不住挫折和打击，遇事还会哭鼻子。

时间长了，大龙的爸爸妈妈都发现了他的这些弱点，妈妈怪爸爸对儿子关注太少，爸爸却怪妈妈教育方式不当。这到底是谁的错？

关键点分析

在传统观念下，爸爸和妈妈在家庭教育中的参与程度有很大差异。妈妈大多承担了照顾孩子日常生活的责任，并且很乐意牺牲自己的时间和社交，陪同孩子学习，与孩子分享成长的喜悦和烦恼。爸爸则比较"粗线条"，陪孩子的时间相对少一些，在育儿方面缺少那根敏感的"弦"，对孩子的成长细节很少过问，这就容易造成男孩子在性格方面缺失男性的阳刚之气。而且，当孩子真正出现问题时，爸爸会想当然地把责任推给孩子妈妈，自己也不知如何补救，所以仍是于事无补。这些都是爸爸在育儿问题上不负责任的表现，在家庭教育中是不可取的。只有爸爸妈妈共同参与，一起关注孩子成长，孩子的性格才会趋于完善，心智才会健全。大龙的爸爸在教育大龙的问题上做得不到位，造成孩子性格上缺乏阳刚之气，希望他能认识到这一点，及早摆正自己在育儿中的重要位置，积极参与教育孩子的活动，帮助大龙健康成长。

关键帮助

中国的教育现状是，从幼儿园到中学大部分老师都是女性，这样的教育使中国的孩子从小都在女性环境中成长，这是很危险的。

中国的家庭男女分工明确，男主外，女主内，传统的观念认为，教育孩子、做家务就是女人的事情，这种传统的分工观念，使孩子从小由妈妈管，爸爸管得少，这导致中国的家庭教育常常缺少阳刚之气。

男性家长在教育中起到的作用是女性家长起不到的，但是现在许多男性家长把属于自己的教育责任推给了女性家长，而后者家务劳动比较重又爱唠叨，所以教育效果不是很好。我建议，在中国这种特殊的教育背景下，男性家长应该在教育中担当起自己的责任，也要意识到自己在教育中的重要性。

◎ 爸爸要明确自己在教育中的角色

正因为孩子在成长的过程中遇到的老师几乎都是女性，所以男性家长的作用就更加重要，孩子的成长一方面需要温柔的教育，另一方面阳刚之气的教育也是不可缺少的，无论对男孩还是女孩都是这样的。而现实中爸爸往往在孩子成长的最关键时刻，在自己应该发挥最重要作用的时刻，没有发挥自己的作用，所以使现在的男孩不像男孩，女孩不像女孩。

对于男孩子来说，爸爸应该是榜样、是楷模，孩子越大越需要向父亲学习，与父亲交流，父亲应该身体力行为孩子做出表率，并积极主动与儿子交流沟通，让儿子更有阳刚之气、更有责任心，成长为一名真正的男子汉。对于女孩子来说，爸爸是靠山、是依赖，女儿的心思可以跟妈妈说，但安全感却来自父亲，父亲应经常过问女儿的成长状态和心里的烦恼，给女儿心理上的安慰，让女儿变得坚强起来，避免其因缺失父爱而过早憧憬异性之爱，陷入早恋的泥潭中去。

◎ 爸爸应多关注育儿知识和生活常识

爸爸应该多学一些育儿知识和生活常识，以便更好地参与教育孩子的活动。男性本身的特点决定了，爸爸在处理问题时会显得"粗线条"，在耐心方面比不上妈妈，教育方式也容易简单化。有些孩子爸根本"不屑于"理会孩子成长过程中"鸡毛蒜皮的事"，更不会去关注育儿知识，教育能力严重不足。建议爸爸们在忙工作之余，也适当关注一下育儿知识和生活常识，这样才能在教育孩子的问题上有发言权，才能管在点子上，管出成效来。

◎ 爸爸应该多与孩子交流和接触

爸爸要在教育孩子的实践中提高参与度，多给孩子一些关注、温暖和支撑，使孩子身心得到健康发展。爸爸们要尽量抽时间与孩子交流和接触，陪着孩子玩游戏，带着孩子进行体育锻炼，在这些亲子活动中，爸爸的言行会给孩子直接的榜样作用。当孩子遇到问题的时候，爸爸们要及时发现苗头，给予关切的询问，帮助孩子排解烦恼，共同商量解决办法，这会给孩子安全感和一些男性特有的坚毅果敢的行为影响。随着孩子年龄的增长，爸爸在孩子心目中的地位会更加崇高，作用也是无法替代的，这将会帮助孩子变得更加积极向上、健康自信、乐观开朗。

◎ 爸爸应多体谅孩子妈妈的辛苦

爸爸要体谅孩子妈妈的辛苦，多与孩子妈妈沟通，齐心协力教育好孩子。一般来说，孩子的日常生活甚至学习由妈妈照顾得比较多，孩子的成长凝聚着妈妈的许多心血,爸爸应该体谅妈妈的辛苦,多给予关心和体贴,不能在孩子出现问题时就去责怪妈妈,而是要多想想自己的问题。另一方面,一般家庭中,孩子跟妈妈比较亲,往往会引起爸爸的嫉妒,有些爸爸平时与孩子接触较少,一有机会便与妈妈争夺孩子的心,不惜放弃原则讨孩子欢心,让妈妈辛苦教育得来的成果毁于一旦,这是不可取的。爸爸应该支持妈妈正确的教育理念,维护妈妈的教育成果,教育孩子时,父母意见一致,才能让孩子在轻松、融洽的环境中成长。

02
妈妈在孩子成长中应该扮演怎样的角色?

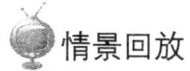

情景回放

毛毛已经上小学二年级了,妈妈仍然把她当小宝贝一样宠爱着,凡事不用她动手。饭做好了"请"她入席,她不想吃饭,妈妈就端着碗跟在她屁股后面追,用商量和恳求的语气让她"吃一点"、"再吃一口",家务活更是一点都不让毛毛伸手。毛毛倒也争气,在妈妈的精心照顾下,出落得很是水灵,穿衣打扮也很得体。

一天,毛毛写作业时,妈妈凑上去看了看,忍不住插了句嘴,没想到毛毛居然对妈妈说:"你懂什么呀?你只会做饭洗衣,这些东西那么难,你哪能看懂啊?"这话深深地刺伤了妈妈的心,没想到平时精心照顾孩子,换来的竟然是这样的轻视。

关键点分析

妈妈对毛毛的爱,基本上就是照顾她的饮食起居,却忽略了与孩子思想上的交流，在孩子学习知识、接受文化教育方面没有及时给予应有的关注，给孩子留下了"只会做饭洗衣"的印象，肯定心寒，但还来得及，还可以补救，毕竟孩子还小。

孩子年幼的时候，家长可以在生活起居方面给予更多照顾，但孩子接受正规教育之后，妈妈也必须丰富自己的育儿知识和育儿实践，目光不能仅仅逗留在孩子的饮食起居上，而是要更多关注孩子对新知识的吸纳情况，与孩子一起进入新的生活轨道，才不会被孩子抛在身后。孩子更大一些时，会有自己的想法和心思，妈妈要试着做孩子的贴心知己，帮孩子梳理纷乱的心绪。总之，不同时期妈妈的角色应该有所不同，相同的只是妈妈对孩子不变的爱。

关键帮助

◎ 妈妈要做一个合格的"保育员"

孩子年幼时，确实需要家长的精心呵护，特别是需要妈妈的付出和关注。但这并不是说妈妈要对孩子亦步亦趋，紧紧跟随，一有需要马上满足，饿了马上给吃的，摔倒立刻扶起来，一哭马上抱着哄。如果你这么做了，孩子一定会把妈妈当成保姆，认为妈妈对他无微不至的照顾是天经地义的。

孩子能干的事由家长包办代替，家长就剥夺了孩子培养自主能力的权利，所以家长遇到事情时，要先分析这件事是不是该自己做，应该由妈妈做的可以去做，不该做的要让孩子自己去做。过度关注和照顾，反而会使孩子丧失自理能力，也会招来孩子的反感，就像是养花养草，施肥、浇水过勤反而会让花草凋零。

◎ 妈妈要做一个合格的"老师"

家庭是孩子的第一课堂，人生经验的积累、人生道路的起步，无一

不是从家庭开始，妈妈就是孩子的第一启蒙老师。从哺乳时起，妈妈就在用自己的微笑、语言、行为等给孩子做着榜样，进而影响孩子的人生观。孩子入学以后，虽然有了学校的老师，但妈妈仍是孩子生活中不可缺少的指导老师。孩子遇到问题、有了心思，第一反应一定是找妈妈。因此，妈妈要始终牢记自己"老师"的角色，尽量把教育孩子的工作做在前面，提醒孩子做个正直、善良、无私的人，懂得感恩、宽容、豁达、忍让，具有坚强的意志力和较强的责任心，同时还要教会孩子防范可能出现的危险。在知识汲取方面，妈妈更要做孩子的良师益友，与孩子一起进步、共同提高。

◎ 妈妈要做一个合格的"法官"

做事讲原则很重要，这很容易被好多妈妈忽略。妈妈总是心太软，孩子有了愿望也最愿意从妈妈那找到得以满足的突破口，其实孩子有些愿望和想法是不讲道理的，如果妈妈也不讲原则，那就可能让孩子也没有了规则意识，得来全不费工夫的东西，孩子也不会珍惜。妈妈关键时候要毫不心软，与孩子约定的规则一定要坚守，孩子再哭闹也不要心软，因为一旦妥协就会后患无穷，孩子会变本加厉地提出更无理的要求。另一方面，妈妈要为孩子制定行为规范，要像法官一样，及时对孩子的行为和表现做出准确判定，对就表扬，错就批评，让孩子具备明确的是非观念，身心得以健康成长。

◎ 妈妈要做一个合格的"欣赏者"

妈妈看自己的宝宝都很可爱，希望自己的孩子非凡出众。妈妈对孩子的期望值高了，要求也就相应地提高了，评价孩子的言行也会有失客观，这会给孩子带来压力。欣赏孩子是非常重要的，而且要在孩子成功的一刹那把家长的欣赏送上去，教育要抓住时机。

合格的妈妈要学会欣赏孩子的努力，理解孩子偶然的失败；要学会赞许孩子，也要理解孩子偶然的叛逆；要学会分享孩子的快乐，也要分担孩子莫名的忧伤；要鼓励孩子潜心学习，也要支持孩子尽情玩耍；要学会祝福孩子一帆风顺，也要准备与孩子一起经受挫折；要学会帮助孩子弥补不足，更要帮助孩子找到自身优势。这样的妈妈才会给予孩子比较客观公正的评价，才会使孩子在成长过程中把握自己，不断完善自我。

◎ 妈妈要做一个合格的朋友

大多数孩子跟妈妈比较亲，就是因为妈妈更感性，更容易接近。一个好妈妈，要始终做孩子真正的知心朋友。孩子小的时候，妈妈可以牵着孩子的手，讲述自己对人生的看法，与孩子分享自己成长的经验；等孩子长大了，特别是进入青春期后，孩子有了自己的心思和想法，妈妈要做一个耐心的倾听者，理解孩子的烦恼，为孩子答疑解惑。

当然，妈妈对孩子的教育，也离不开爸爸的支持，妈妈应该多与爸爸沟通，协商一致，共同承担育儿重任。

03
对孩子高标准严要求，难道有错吗？

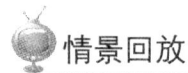 情景回放

一次读者活动后我见到了一对母女。如同其他需要帮助的父母一样，妈妈的脸上也是写满了焦虑，她急切地诉说着自己的烦恼。

女儿成绩倒也不错，但就是做事太磨蹭，才上小学五年级，每晚都要写作业到 11 点，作业里出现哪怕任何一点问题，光用橡皮擦就要擦半天，还采取自罚措施，罚写 10 遍……

看到孩子在一旁游离不定的眼神和欲言又止的样子，我只好支开了

妈妈。孩子这才怯生生地说道："爸爸妈妈对我要求太严，每次考试都要求考班里前三名。要是哪一次考不好，我就会受到惩罚。"

"什么样的惩罚呢？"我非常不解。

孩子慢吞吞地说："比如有次就把我的长头发剪短了。"

"啊？"我这才意识到，孩子的一头短发后面居然有着这样的经历。这样的惩罚方式真的让人感到惊讶，我不由心里一阵酸楚。

"你喜欢你的长头发吗？你哭了吗？"我很想知道孩子经历了怎样的心路历程。

"我哭了。但是我不怪妈妈，妈妈都是为了我好。我应该受到惩罚，谁让我自己没考好呢？我认真写作业，就是为了考出好成绩。可是我怎么老是不能让妈妈满意呢？"孩子的神情与她的年龄极不相称，有着超出年龄的成熟。孩子的迷惑又让人无言以对。

这是一个非常懂事的孩子，这种懂事不是让人欣慰，而是心酸。

关键点分析

父母应该给予孩子什么样的爱？这是父母应该认真思考的问题。父母都爱自己的孩子，但有些爱是孩子不能接受的，有些爱是孩子能够接受的，能够让孩子接受的爱才是对孩子真正的爱。所以父母在对孩子付出的时候，应该认真反思付出的爱哪些是能被孩子接受的，这才是父母需要付出的爱。很多家长以为自己付出很多，但是付出的都没有被孩子接受，这时付出的爱越多对孩子的伤害越大。

不少父母对孩子寄予了过高的期望，却忽略了孩子的承受能力，让孩子不堪重负。这个孩子本身没有问题，问题的根源在父母身上。孩子为了在各方面达到父母的高标准严要求，片刻不敢放松自己。做作业出现一点错误就惩罚自己写10遍，这说明孩子独自承担着很大的心理压力，长此以往将不利于她的身心健康。

试问这些要求苛刻的父母，为什么不换位思考一下呢？剪掉孩子心爱的长发，这是对孩子怎样的一个心理创伤？这样的创伤又要用怎样的方式才可以抚慰？……

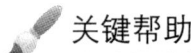 **关键帮助**

父母对孩子有较高期望本身无可厚非，但首先要明确这个"高"是高在哪，是高在成绩上还是高在做人上；对孩子要求严格，这个"严"是严在规矩上还是严在品行上。

◎ 要引导而不是压制

一个智商高的孩子小时候往往表现得精力过剩，调皮捣蛋，破坏性也比较强。"要想让地里不长草，最好的办法是种满庄稼"，因此家长还是应该加以引导，以培养孩子的兴趣作为主要手段，而不是限制孩子不能干这、不能干那。过多的要求，反而会限制孩子的发展，如果方法不当，可能伤及孩子的一生。

适当允许孩子有一些过错和过失，没有大碍，但如果家长在孩子小学阶段就求全责备，可能会限制孩子的发展，让孩子失去竞争力。

◎ 选择合适的表达方式

家长表达期望的方式也非常关键。如果方式过于简单粗暴，而忽视了孩子的心理感受，那么这种期望就变成了一块沉重的石头时刻压在孩子心头。案例中这个孩子本身很要强，学习态度认真，追求完美，自我加压，父母就要适当放松对孩子学习成绩的硬性要求，不要再加码，而是要着眼于孩子的心理健康，优秀的孩子其实需要得到更多的理解和关爱。当然也有的孩子是得过且过，学习不是那么积极认真，那么父母可以适当提出让孩子经过努力可以达到的目标，鼓励孩子，不断增强孩子的上进心。

有智慧的父母，他们的爱是理智的爱，也是感性的爱，这种爱来自于对孩子的深深理解和支持,这种爱远远超出于成绩之上,这种爱立足于孩子的自身特点,来自于对孩子的一生幸福负责。父母的良好愿望在孩子身上能产生积极的教育影响和教育效果,父母在教育孩子的过程中能享受到快乐,孩子也能感受到父母的爱,感受到父母的关注和期望,这些才构成孩子身心健康成长的永久动力。

04 孩子为什么听不进父母的话?

情景回放

小明在学校里受委屈了,回家就和妈妈倾诉:"妈妈,老师偏心。课间的时候,小东把我的书碰掉了,我叫他捡起来,他不肯捡,我就推了他一下,刚好让老师看见了,老师就批评我,要我向小东承认错误。他为什么不批评小东?"

妈妈说:"我给你说了多少遍了?老师批评你,你首先要看到自己的错误。如果你老老实实,规规矩矩,没有一点错误,老师怎么会批评你呢?你看小敏,多听话!老师什么时候批评她了?我再说一遍……"

"妈妈!你总是帮人家说话,我不要听!"小明不耐烦了。

"你不听我也要说……"妈妈像往常一样唠唠叨叨说个没完。

"烦死了烦死了,你怎么那么多话呀?"小明终于受不了妈妈的唠叨,跑了出去。

于是母子间的谈话不欢而散。

关键点分析

一位教育家曾经说过:"父母教育孩子的最基本的形式,就是与孩子谈话。我深信世界上最好的教育，是在和家长的谈话中不知不觉地获得的。"但是，令很多父母感到困惑的是：对父母苦口婆心的教育，为什么孩子表现得很不耐烦，甚至就像案例中的小明那样，直接逃避？仔细分析，孩子原来是很想与父母交谈的，之所以没有进行下去，关键责任在父母。

◎ 高高在上，语气强硬

家长要学会换位思考。孩子不听家长的话是因为家长的话说不到孩子的心坎上。有的父母总是高高在上，和孩子谈话习惯用训斥和命令的口吻，语气强硬，习惯于要求孩子完全放弃自己的想法和感受，根本没有商量的余地，孩子能不反感吗？

◎ 偏听偏信，唠唠叨叨

像案例中的小明那样，本来孩子想让妈妈理解他心里的委屈，结果妈妈根本不站在孩子的立场上，不去体察、理解孩子，反而不问青红皂白，就把孩子数落、批评了半天，孩子能不烦吗？

有的父母与孩子谈话，光有一副热心肠，唠唠叨叨说起来没完没了，缺乏对孩子应有的尊重，只凭自己的主观臆断，不注意倾听孩子的心声，甚至对孩子冷嘲热讽，孩子当然不愿意继续谈了。

◎ 心情不好，借故发火

有的父母工作累了，或者受什么委屈了，回家把火发到无辜的孩子身上，这样的谈话肯定会不欢而散。

著名的家庭教育专家于秀老师曾特别忠告各位家长：无数失败的家教案例表明，一句伤人的话足以使孩子堕落，一句不负责任的话足以使孩子沉沦，一句不公平的话足以让孩子怀疑一切，一句不慎的话足以让孩子痛苦数年。

可见，父母所言，是雕琢孩子成才最锐利的刻刀，刻错了就是废品，刻对了就是艺术品。

**关键帮助**

那么，父母该怎样与孩子谈话呢？

◎ 尊重孩子

不论孩子是因为做了好事、取得了好成绩，还是因为受了委屈、做了错事向父母倾诉时，父母首先要耐心倾听，让孩子感受到父母对他深深的理解和尊重。一定要等孩子把心里话说完，不要还没弄清缘由就草率评判。和孩子交谈时，要尊重事实、恰如其分。表扬孩子不要夸大其词，批评要就事论事，不乱翻旧账，以免孩子报喜不报忧，再犯错时不敢告诉父母。

◎ 换位思考

唠叨是妈妈的通病，有句古话"话说三遍淡如水"，换位思考，别人对你反复提醒一件事，你也会反感。何况孩子有孩子的世界，如果父母能站在孩子的立场上去体察孩子、理解孩子，就会发现，孩子的许多想法和感受是多么合乎情理。所以，父母不要把自己的意愿强加给孩子，要少一些唠叨，多一些行动，很多话点到为止即可，这样孩子才会专心听父母说话。

◎ 避免硬碰硬

当孩子情绪不稳定时，家长先不要忙着谈话，先静下心来想一想，因为有些问题需要等待，或者需要适当的引导方式，或者需要一个好的切入点。当孩子不喜欢和家长谈话时，家长也可以变化一下方式，把同样的话向好处说，孩子就会喜欢听了。

和孩子谈话是一门艺术，需要做家长的耐心揣摩。

05
家长应如何树立自己的威信？

📺 情景回放

小宝已经上小学四年级了，一次家里来了客人，妈妈给客人切西瓜。小宝从外面回来，手也不洗，脸也不洗，抓起西瓜就吃，妈妈拉他去洗手，他却怎么也不肯听，还嫌妈妈"真啰嗦"，让妈妈在客人面前很尴尬。

"现在的孩子真是越大越难管了，你说一句，他顶你两句，好像还是他有理，真让人伤心。"从小宝妈无奈的话语里，可以透视出许多父母的烦恼。家长应如何树立自己的威信呢？

❓ 关键点分析

现在一提家长的"威信"，就会引来各种"批评"的声音："现在提倡的是和孩子平等地交流，不能再摆家长的权威了。""还想让孩子百分之百听你的话啊？你这个想法本身就有问题。"家长难道真不需要树立威信了吗？

家长的威信，对孩子是一种潜移默化的教育，是一种积极而无形的力量。孩子在成长过程中，由于心理、生理方面还不成熟，难免出现困惑、过失，需要父母及时、耐心地引导和教育。在家长的教育过程中，可能会出现孩子对父母讲的道理一时难以接受，在平等的交流不起作用的情况下，就需要利用家长的"权威"，让孩子及时纠错。在家庭教育中，必须给孩子制定一些行为准则让孩子遵守，因为"没有规矩不成方圆"。自觉地遵守规矩，对孩子的健康成长起着不可估量的作用。

可见，家长在孩子面前必须要有"威信"，这种威信并不是传统意义上的孩子对家长的绝对服从，也不是家长对孩子的绝对支配，而是家长通过潜移默化的影响，逐步成为孩子精神的支柱、力量的化身和真理的标准，在亲子之间形成一种积极配合的亲密关系。这样的父母才会对孩子有影响力，孩子才会虚心聆听父母的教诲，才会自觉地接受家长的指导。

 关键帮助

那么，父母的威信从何而来呢？

◎ 以身作则，言而有信

古语说得好："其身正，不令而行，其身不正，虽令不从。"父母的威信首先来自于自身的言行，因此在孩子面前，父母要特别注意言行一致，以身作则，做出榜样。要求孩子做到的，父母要先做给孩子看，身教胜于言教，这样孩子也就比较容易接受父母的要求了。不要轻易对孩子许诺，一旦答应了孩子的要求，就要言而有信，不找任何借口搪塞。孩子受骗一次，就会严重影响其对父母的信任，所以父母不要做得不偿失的事。

◎ 民主、平等地对待孩子

要想让孩子对父母信服，父母就要了解孩子的年龄特点，通过与孩子平等的交流、沟通，了解孩子的需求，有的放矢地教育孩子，才能让孩子感到父母确实比自己更高，才会让孩子对父母更信服。当家长有过错时，一定要放下自己的"权威"和"面子"，要真诚地向孩子道歉，孩子在这种民主的气氛中，反而会更加信任、尊重自己的父母。

◎ 夫妻间互相维护威信

父母在教育孩子时，要注意协调一致。如果父母教育思想不一致，比如一方斥责，另一方袒护，孩子就容易失去判断是非的标准，家长权威就会落空。无论夫妻之间有多少不愉快，在孩子面前，双方都要注意

维护对方的权威,不要当着孩子的面数落对方的不是,否则会使父母双方在孩子面前的威信荡然无存。

◎ 不要用高压来压服孩子

家长对孩子的要求过多、过细、过死,孩子不照办,家长就没完没了地指责唠叨,甚至打骂孩子。这种做法是用高压来压服孩子,没有考虑孩子的自尊心和承受能力,孩子肯定是"压而不服"的,反抗也就在所难免,亲子关系只会越来越紧张,等于家长自己把威信毁掉了。孩子亲近父母是天生的行为,但让孩子尊重和崇拜父母是需要父母努力的,是需要花心思的。对待孩子的过失,聪明的父母会少一些唠叨和责罚,多一些尊重和理解,耐心倾听孩子的心声,孩子一定会更尊重父母。

父母威信的建立不是一朝一夕的事,而是在日常生活的点滴中、在对孩子正确的教育方法中慢慢搭建起来的,需要做父母的不懈坚持和维护。

05
家长怎样让孩子敞开心扉?

情景回放

笑笑是个爱闹爱玩的孩子,今年五年级了。她的学习成绩在班上属于中等偏上,父母特别关注她的学习情况,一直希望她能进入并保持在"第一梯队"里,所以笑笑每天放学回家,都要接受父母的询问,一五一十地汇报在校情况,特别要详细报告大、小考试的成绩。可是当笑笑主动向父母说说班上遇到的一些事情时,父母就马上打断她,说那些事情都无所谓，不必挂在心上，想多了浪费时间，影响学习。

渐渐地，笑笑不再对父母诉说心事，也由原来的活泼开朗变得郁郁寡欢，整天心事重重的。

关键点分析

为什么当前儿童心理疾病的患病率高达三分之一？就是因为他们心里有苦没法倾诉，有烦恼没法解脱，老是憋在心里，久而久之便憋出了毛病。

笑笑本是个外向、活泼的孩子，曾有过向父母倾诉的愿望，但父母没有理会，粗暴地将她拒绝了，这对她来说无疑是个打击。亲生父母都不愿听自己倾诉，自己还能对谁倾诉呢？难怪她会关上倾诉的大门。她的父母不明白，倾诉对孩子来说非常重要，心思埋在心里，就像是往气球里充气，如果一味往里充，无法排解，那最后的结果一定会是气球爆炸。所以，要让孩子把心里话说出来，他们才会心情舒畅，才会以愉悦的状态投入学习。

小学低年级的孩子，倾诉内容比较简单，不过是把学校发生的一些有趣的、特别的事情描述一遍，如果家长耐心倾听，孩子会有一种情绪被分享的快感，否则会觉得很失落。到了小学中、高年级，孩子的心思渐渐复杂、敏感，有时并不知道自己陷入了什么样的心境，但总感觉有些什么东西堵在心里，想对别人说一说，这时父母便是他们的首选对象。而另一方面，好多家长受功利思想的影响，更多地关注孩子的学习，却忽略孩子心灵的成长需求，在家中很少甚至根本没有聆听孩子倾诉的习惯，当孩子表现出倾诉欲望时，他们往往觉得是浪费时间，错过了亲子沟通的良机，形成习惯后孩子们便再也不愿跟父母诉说心思了。

关键帮助

◎ **从谈论学习以外的话题入手**

与孩子谈话的时候要跟孩子一起感动，一起开心，顺着孩子的话题谈，适时引出更多话题，多倾听，多鼓励，多引导，多回应，多感动。家长往往一跟孩子谈事情就谈学习，谈学校，所以就把事情谈"死"了，家长如果不谈学习，孩子就会想谈，家长要用技巧引导孩子谈学习和学校的事，而不是一上来就谈学习。

◎ **让孩子轻松地发泄情绪**

如果孩子说的事情跟家长的想法不一致，不要指责和教育孩子，否则谈话就没法进行了，孩子以后也不敢再说真实的想法了。其实孩子只是说出来就轻松了而已，比如，孩子可能说"我都不想学了"、"我都不想活了"，其实这是孩子排遣情绪的一种方式，家长不要如临大敌，不要当即引导、批评，而要在头脑中先分析反思，找机会引导解决，让孩子觉得事情没有多严重。

07 孩子该不该有自己的隐私？

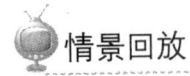
情景回放

晴晴上六年级了，是个比较内秀的孩子，喜欢将自己的心情和想法记在日记里，而日记本就放在自己写字台的抽屉里。她曾跟父母说过，这是自己的隐私，希望他们不要乱翻乱动。父母也遵守承诺，很长一段时间果真没有去翻她的日记本。

直到前一阵她的学习成绩有点下降，人也有点心神不宁，父母怀疑她是不是有什么事瞒着他们，才趁她不在时偷偷翻看了她的日记本。而晴晴很有心计，放日记本时做了记号，只要有人动过就会有痕迹。她发现父母动了她的日记本后，很恼火也很生气，就去质问他们。而她的父母却说因为关心她、想帮她把成绩搞上去，才去窥探她的隐私，而且他们还声称，他们是晴晴的监护人，有权力这么做。为这件事情，晴晴好几天不搭理父母，一家人处于冷战状态。

关键点分析

家长如果真的了解孩子，不用通过窥探隐私就能知道孩子的状况。一个善于观察孩子、完全可以跟孩子像朋友一样相处的家长，通过平时观察孩子的表情和言行，就能了解孩子的状态和想法。如果家长只盯在孩子的隐私上，说明家长完全不了解孩子。

晴晴父母的做法欠妥。孩子拥有和保护自己的隐私，是他们具备独立、自尊、自主意识的体现。六年级的孩子正处在身心发展的敏感时期，开始独立地思考一些问题，也试着独立地处理一些事情。在这样的意识支配下，他们只想把一些想法放在自己心里，不想对外界敞开，甚至也不愿与自己的父母分享这些秘密。他们渴望营造一个属于自己的世界，不希望被打扰和侵犯。这种心理是很微妙的，亲子关系好的家庭，家长会坦然接受这种变化，会给孩子留一片自由的天空。

在大多数家庭中，父母却并不能正确对待孩子的这种心理需求，越不让看越想看，千方百计地窥探孩子的隐私，包括偷看孩子的日记、偷查孩子的电话和短信、追踪孩子的上网记录等，最终的结果只能是伤害了孩子的心，影响亲子关系的融洽。晴晴的父母当属此列，就算是想看或需要看，也需首先征得孩子同意。

其实，只要家长给予充分信任，小学期间的孩子并不会做出特别出格的事情来，他们所保护的"隐私"，也不过是自己心情的微妙变化、对自身成长的一些困惑，或者青春期到来时一种说不清道不明的情愫，让他们自己保有这些秘密，反而可以帮助他们走向独立和成熟，家长大可不必害怕孩子有了隐私会"学坏"，会做出让人担心的事情。过分关注和逼迫，只会使孩子变得更加封闭。

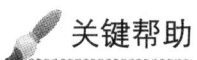 关键帮助

◎ 想办法真正成为孩子的朋友

如果家长能成为孩子的朋友，孩子的所有隐私就都不成其为隐私，因为知心朋友之间什么都可以讲；如果孩子与家长不是朋友，那所有事情就都是隐私了。之所以有隐私，是因为家长没有真正成为孩子的朋友，让孩子没有安全感，才让孩子对家长有所隐瞒。

如果家长没能跟孩子成为朋友，家长越是想窥探孩子的隐私，孩子越是隐藏，会增加亲子间的对立情绪。这时，家长应该暂且不去关注孩子的隐私，而是把精力放在如何与孩子成为朋友上，而且即便发现孩子的一些小隐私，发现孩子的问题和苦恼，家长也不应该戳破，要想办法帮助孩子解决问题，给孩子朋友般的温暖和帮助，排解孩子的烦恼，渐渐地孩子就会与家长成为朋友。

◎ 更注重孩子的言行和心理变化

家长可以严密关注、仔细观察孩子的言行举止，特别是思想上的波动，这样才能真正对孩子有所帮助。进入青春期的孩子，自主意识开始萌芽，但是非观念却很模糊，自控能力也比较差，自己独立处理问题时容易陷入误区，再加上现在的社会环境日趋复杂，孩子总会接触一些不良习气，比如逃课、抽烟等，一旦染上，就会影响学业，甚至误入歧

途。这些动向，孩子未必记录在日记里，所以家长死盯着孩子的日记也不管用，关键是要注意观察孩子的言行和心理变化，及时给予正确引导。

◎ 不要强行闯入孩子的领地

家长越想窥探孩子的隐私，两代人之间的墙就越厚。家长没必要也不应该强行闯入孩子的领地。有些家长对孩子不放心，总想通过一些手段了解孩子隐藏的秘密。实际上未成年的孩子也是有隐私权的，家长要尊重孩子的独立人格，不得随意侵犯孩子的隐私权。既然孩子把心情写进日记自己独享，与同学、朋友之间的交往情况也不愿向家长透露，家长就不要强行要求孩子坦呈心思，更不能在未取得孩子同意的情况下偷看孩子的日记、私拆孩子的信件，否则只会伤害孩子的心灵，让孩子变得更加封闭。让人啼笑皆非的是，当家长费很大劲拿到孩子的日记本，打开阅读时却可能发现孩子其实并没有什么"不可告人"的秘密，所谓的"隐私"也不过是孩子的一些真实感受和情绪。

◎ 不要散布孩子的小秘密

家长不要到处张扬孩子羞于启齿的小秘密。这是最容易被家长忽视的侵犯孩子隐私权的行为。孩子在家说过的话、做过的事，家长有时并没有意识到它们也是孩子的隐私，有时不假思索便在与别人聊天时当笑谈拿出来宣扬，这样会严重伤害孩子的自尊心。孩子先天的缺陷，比如过胖过瘦，相貌不太好看，身上哪里有胎记等，孩子自己会很在意，不愿被别人拿出来说，家长如果不顾及孩子的感受，在亲戚朋友面前不经意地提及，就会伤害孩子的自尊心。此外，孩子的一些"失意"，或许在家长看来是微不足道的，但可能恰恰是孩子心底的严重创伤，比如考试的失意、比赛的失败、表演时的出丑、集体活动时出的洋相等，只要有人提起，他们便会陷入尴尬和无地自容的境地，家长提起这些更会让他们感觉被揭了伤疤，长时间耿耿于怀。

08
怎样说，孩子才不会嫌父母唠叨？

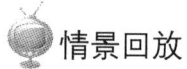 情景回放

小强最近迷上了看漫画书，放学一回家，他就会迫不及待地拿出漫画书看。妈妈一看见他看漫画书就忍不住唠叨："回家还不赶紧做作业？又看漫画书！"小强也觉得很内疚："我再看5分钟就赶快写作业。"可没过一分钟，妈妈的声音又传过来了："怎么还看啊，你什么时候做作业啊？"小强已经把漫画书放下了，妈妈还在那里喋喋不休："还不抓紧，作业什么时候能做完啊？"小强实在让妈妈唠叨烦了，干脆捂起耳朵，对妈妈的话不再理会，又拿起漫画书看了起来。

早上一起床，妈妈又开始叮嘱了："到了学校听老师的话，上课好好听讲，下课不要跟同学打闹。"小强背起书包了，妈妈嘱咐的话又传来了："走路慢一些，不要在马路上跑。"天天如此，小强真烦了："你干脆把要说的话录上音，每天早上一按开关就行了，何必这么啰嗦。"

关键点分析

难怪孩子烦，这位妈妈也太能唠叨了。所谓"唠叨"，是指事无巨细、不分场合、不分时间、没完没了地说。当然，家长之所以"唠叨"孩子，是怕孩子不懂、不会、记不牢，用心是好的。

为什么孩子对妈妈的唠叨特别厌烦呢？我想主要原因有如下几方面：一是家长的唠叨让孩子感觉父母对自己不信任——一遍又一遍地重

复相同的话,怎么那么不相信我呢?二是打击了孩子的自尊和自信。父母居高临下的唠叨,让孩子感觉自己好像什么也不会,什么也不懂,需要父母不断地提醒、再提醒,这会让孩子十分反感。

父母过度的唠叨,会让孩子竖起心理防护墙,会让孩子产生抵触情绪和逆反心理,会造成亲子关系的疏远或恶化,也会引起孩子的逆反心理、影响学业,还会影响家长在孩子心目中的形象,让孩子不再尊重父母。很多父母的威信,就是在自己的唠叨声中渐渐失去的。

关键帮助

家长要考虑的不是怎样说,而是怎样少说或者不说。越是唠叨的家长越感觉不到自己的唠叨,这对家长和孩子来说都是悲哀的。唠叨是对孩子的犯罪,脱口而出,不计后果,所以必然造成不好的后果。爱唠叨的父母应该怎样有效地改变自己呢?明确以下几点也许会有所帮助:

◎ 学会克制和等待

就像大自然的万事万物一样,孩子的成长也会遇到困难和挫折,做父母的不要试图用事无巨细的唠叨来代替孩子的成长,要学会克制和等待,让孩子在经历委屈、不公,甚至是在犯错误中慢慢学着长大。

◎ 只说一遍

既然孩子厌烦父母的唠叨,那么父母不妨改变教育方式,让孩子做什么事或纠正孩子的错误时,只说一遍不要重复,让孩子经历几次不注意听父母的话需要承受的后果,孩子就容易接受父母的建议和忠告了。

◎ 就事论事

孩子犯错时,家长不要信口开河,要就事论事,一定不要翻旧账,把孩子的种种"恶行"全部翻出来数落一遍。过多的指责会使孩子无所适从，过多的唠叨也只会让孩子更厌烦。父母对孩子的承诺要说话算数，以提高自身的威信。

爱"唠叨"的父母，尽快改变自己吧，对孩子少一些"唠叨"，多一些信任，就会发现，孩子还是非常配合的。

09
家长掏心掏肺，孩子为何不领情？

情景回放

一位伤心母亲的来信中说：

女儿还没有出生的时候，我有一份舒适且让人羡慕的工作。从有女儿的那天起，为了更好地照顾女儿，我辞职成了一名全职太太。

可是，在我手心中捧大的小公主，今年才刚刚读小学二年级，就开始瞧不起她的妈妈了。家长会不让我参加，说我没有她同学的妈妈时尚；每天的作业不让我签字，嫌我的字没有老师的漂亮；甚至还不允许我到学校门口去接她，说是怕同学问起我的工作而丢了她的面子……

女儿的种种表现令我伤心，她不知道她的妈妈就是为了她才放弃了那么好的单位，如果不是为了她，也许妈妈的事业会很成功。我为她付出了所有，却没有得到她起码的尊重和理解，这能不让人伤心吗？

关键点分析

做父母的为孩子付出了一切，可孩子有时并不领情，因为他们的某些付出没有被孩子接受，而只有让孩子接受的爱才是真正的爱。

其实，孩子就是孩子，他们的思维能力、理解能力和成年人有着太多的不同。孩子不理解大人的世界，大人也不一定理解孩子的内心世界。所以，一些对成人来说合情合理的解释，到了孩子眼中，却不一定能被他们稚嫩的心灵所接受。

不妨回忆一下，在教育孩子的过程中，父母的行为是不是很像个"遥控器"，指挥着孩子该做什么、不该做什么，而很少考虑这种指挥能否被孩子所接受？孩子不会拒绝想帮助他的人，孩子也绝不会接受想控制他的人。久而久之，这种内心的对抗就形成了，当孩子感到自己已经"长大了"时，这种反抗行为自然就开始表现出来了。

孩子之所以不理解父母，归根到底是家长的良苦用心不能用孩子能接受的方式传递给孩子，慢慢地激起了孩子的逆反。所以，家长在施加影响时，掏心掏肺并不见得能打动孩子，关键是要选择孩子能接受的方式。

关键帮助

想要用孩子能接受的方式来影响和教育孩子，就要注意如下几点：

◎ 平等交流

家长要想真正走进孩子的内心世界，光凭为孩子提供优越的生活条件是不够的，更重要的是真正了解自己的孩子在想什么，同时也让孩子了解父母的想法，让孩子感觉到自己是家庭中的一员，父母是真心关心自己。一个能和孩子成为好朋友的父母，才会赢得孩子的理解和尊重。

◎ 不要抱怨自己的辛苦

要让孩子理解父母的不容易，但不要老在孩子面前说："爸妈这么累，还不都是为了你。"

就像案例中的伤心妈妈，如果母亲能少一些抱怨自己内心的不平，多一些和女儿的沟通，同时注重增加自身的学习、修养，女儿也会理解妈妈的良苦用心的。

◎ 不要把自己的意愿强加给孩子

有的家长在孩子很小时就已经为孩子规划好了：选个好的小学、初中，考个理想的高中、大学，在国内（或国外）找个满意的工作……为了让孩子达到要求，父母常常逼迫孩子学这个、学那个，连玩的时间都没有，孩子在这样的压力下，能理解父母吗？恐怕只剩下逆反了。所以，孩子的路要让他自己走，不要把父母的意愿强加给孩子。何况，孩子的成长父母也是代替不了的。

◎ 父母要控制好自己的情绪

在教育孩子的过程中，父母要尽量控制好自己的负面情绪，避免说出伤害孩子的话。要让孩子感觉到父母对他的关爱，感觉到父母是在真心帮助他，孩子对父母的建议才会接受。

当孩子不理解父母时，父母还是多反思自己的言行，多从自身寻找原因。毕竟，孩子无论年龄多大，在父母面前也还是孩子。

10 孩子为什么不爱这个家？

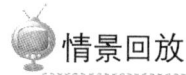 情景回放

一位母亲来信诉说她的苦恼：

正在读六年级的儿子，又是几天没回家了。儿子不仅成绩越来越差，而且开始逃学。有一次为了伙伴义气，他甚至结伙打架，多亏跑得快，不然就被警察抓住了。为了看住孩子不再惹事，妈妈无奈辞掉了工作，拿出全部的精力管教孩子，中午还专门到学校给孩子送饭。

为了把孩子的心思拉回到学习上，妈妈还特地请了一对一的辅导老师，但通过悄悄跟踪发现，儿子有次前脚进了老师家的单元门，后脚又溜出去玩了，更可气的是，只顾赚钱的老师对这个情况竟然没有反馈。

种种招数使尽，钱是花了不少，但几乎毫无成效，儿子照样我行我素。妈妈想全方位地监管，结果儿子已经很少待在家里，时间都花在交朋友、闲逛、K歌、吃吃喝喝上，大好的青春被挥霍，妈妈见状是欲哭无泪。爸爸过去对儿子无比溺爱，现在却与儿子彼此仇视，二人很少碰面，一旦见面无非就是儿子来要钱，几句话说不到一块就剑拔弩张。

好好的一个家庭就这样笼罩在沉重的氛围之中，不时弥漫着火药味。

孩子的父母原来都在外地做生意，孩子很小就跟奶奶在农村生活。父母感到很愧对孩子，于是每次回家探望都是买最贵的玩具、最好的食品、最漂亮的衣服，以此弥补对孩子的情感亏欠。孩子三年级才转学来到父母所在的城市，来到陌生的读书环境，同学的排斥、与父母关系的重新调适，都让孩子感到无所适从。妈妈则更加溺爱，加上无休止的唠叨，这样一来孩子逐渐变得沉默寡言，逐渐交上了几个同样不爱读书的朋友，生活轨道逐渐偏离，孩子一步步离家远去——不只是路途的距离，还有心的距离。

关键点分析

为什么原本最亲近的人变成了世界上最陌生的人？又是什么使父母与孩子之间横亘着一堵城墙？如果父母对孩子只有物质投入，而情感的交流几乎空白，那么这种亲子关系是很让人可悲又可怜的。孩子不是父母喂养的宠物，他们有着丰富的感情世界，需要得到父母精神上的真心关爱，需要得到父母的情感互动。这个案例中显示出父母与孩子之间缺乏有效的理解和沟通。如果无法解开孩子的心结，父母表面形式上的束缚和管教只能导致孩子更大气力的挣脱。

关键帮助

◎ 孩子在小学阶段不宜亲子分离

家长不能在孩子最需要爱的时候离开孩子,幼儿园和小学阶段正是孩子最需要爱的时候,这个阶段的孩子不应该脱离父母的关爱范围。很多家长把孩子送给长辈看管,自己很久不见孩子,或者把孩子送到寄宿制学校,这些做法往往会对孩子造成很多负面的影响。因为孩子在小学阶段的成长过程中,需要父母既给爱又给安全感,如果这个阶段缺少父母的陪伴,孩子的成长一般是不健全的。

◎ 要让孩子体会到家的温馨

孩子不爱这个家是因为这个家没有给他爱和温暖,爱和温暖对孩子来讲比物质的满足更重要。家庭如果只给他一种残破感和束缚感,只给了他批评和唠叨,如果这个家充满了爱和温馨,那么孩子不会不爱这个家。消除隔阂的真心交流肯定是必需的。如果对语言沟通的效果没有把握,父母可以给孩子写一封情真意切的信,不要对孩子有任何指责,而是列举孩子的种种优点,同时检讨过去对孩子的忽视给孩子造成的内心孤独与伤害。这样对过去的教育方式进行认真反思,力求向孩子一点点靠拢,也可以将孩子的心一点点拉近。

◎ 用激励吸引孩子把家当成归宿

孩子不喜欢家,是因为家对他缺少吸引力。家长不应该总是谴责孩子,而是应该想方设法寻找孩子的优点,不断地激励孩子,让孩子感到家庭对他有吸引力,他在心里会把家当成家,当成归宿,自然也就爱这个家了。得不到激励的孩子潜能只能开发到20%～30%,一旦得到激励,潜能可以开发到70%～80%。在批评中长大的孩子往往缺乏自信,所以经常生活在批评中对孩子的成长极端不利。家长越批评，孩子缺点越多，孩子缺点越多，家长越批评，形成恶性循环就很难跳出。要解决这个问题就要家长先停止批评，寻找孩子的优点，拿着放大镜去寻找孩子的优点，这样孩子才能逐渐建立起自尊和自信。

11
如何正确对待孩子对父母情感上的过度依恋？

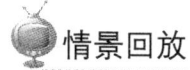 情景回放

芸芸两岁之前对姥姥和妈妈比较依恋，白天靠姥姥，晚上等妈妈，几乎成为一种生活定式。出门要牵手，累了要抱抱。刚上幼儿园时芸芸很不适应，足足哭了一个星期，经过周末的一番调适，终于让她成功地走出了这一步。

上小学后，芸芸没有去幼儿园时的那种难舍难分，不过每天盼着的还是下午接她回家的时刻。最初写作业时，她还让妈妈在一旁陪着，其实也帮不上她的学习，只要妈妈坐在旁边，她就会感到踏实，学习也会专心一些。晚上睡觉前，她会缠着父母给她讲故事，明明自己能看懂的，也要赖着让家长给她读，享受被宠爱的感觉。芸芸的父母很疼爱她，任由她黏糊，也很享受她的依恋。

但芸芸11岁上小学六年级后，情况发生了变化，她有时还像小时候那样对父母比较依恋，依偎在父母怀里撒娇，但更多的时候却是拒父母于千里之外，更愿意与同龄伙伴待在一起，有说不完的话、聊不完的天。芸芸的心是不是离父母越来越远了？这到底是怎么回事呢？

关键点分析

芸芸的成长经历说明，孩子在不同时期对家长的依恋是不一样的。

婴幼儿时期，孩子对父母的情感依恋最明显，吃喝拉撒睡，样样靠父母照顾与扶持，他们通过跟父母的"肌肤之亲"，获得安全感和被疼爱的感觉。小学刚入学时，孩子喜欢让家长陪着写作业，这是因为他们对自己入学后的行为不太自信，有家人在旁边陪着，心里就会踏实一些。认识的字渐渐多起来后，孩子就会享受自主阅读的乐趣，对家长的依恋也不再仅仅是撒娇，更会寻求精神上的安慰和呼应。

小学高年级时，处于一个渐显的变化时期，孩子的身体发育较快，课业也不断加重，父母和孩子都很少再有时间和心情进行沟通与交流，更缺少肌肤之亲，相反，语言和情绪上的冲突开始多起来，家里会出现紧张气氛。这个时期的孩子在情感上还是会依恋父母，思想上却渐渐游离出父母的控制，更愿意与同龄人交流，共同语言更多。父母要接受孩子成长的事实，继续给予他们情感关怀和支持，同时也要允许孩子有自己的空间，允许他们与同龄孩子交流沟通，就像放风筝似的，那根情感的线要不紧不松，控制适当，风筝才能飞得高、飞得稳。

关键帮助

对于小学期间的孩子，家长要顺应孩子的成长规律，超前理解孩子成长的事实，不断调整对孩子情感的关怀和支持。适当照顾他们的依恋情绪，但也不可太纵容，否则孩子太依恋家长，不利于今后独立面对社会、处理各方面问题。

◎ 适当回应孩子的情感需要

家长要明白孩子的情感需要，给予适当回应。小学低年级的孩子，除了一日三餐、穿衣戴帽之外，家长还要照顾他们的玩乐成长，亲子关系可以保持得很亲密。小学高年级的孩子，就要告别童年和幼儿时期，即将进入青春期，他们会有一些惶恐，有时表现得很极端，家长要体谅他们的"忽冷忽热"，在他们需要温暖时，给予他们一个拥抱；在他们情绪激动时，安慰他们，缓解他们的急躁和不安，切勿与之对抗。

◎ 多与孩子分享阅读乐趣

家长要注意孩子的精神需要。随着知识的积累，孩子会萌生出许多自己的想法，家长是他们最好的听众和分享者。孩子阅读的好书，家长也可以同步阅读，读完后听孩子讲述其中的内容，并挑出一些精彩章节，与孩子交流读后感，求得心灵上的理解和共鸣。

◎ 锻炼孩子的生活自理能力

情感纽带必要的时候要松一松，帮助孩子健康成长，走向成熟。家长可以创造机会让孩子离家几天，慢慢适应没有父母陪伴的日子，既锻炼他们的自理能力，又让他们与父母的对立情绪得到缓解。在一些短期夏令营里，全都是同龄孩子在一起，吃住玩都靠自己，没有家长在旁边照顾，孩子反而会成长很快。当然，还可以让孩子去小伙伴家过夜，这样也可以培养孩子的自理能力，锻炼孩子良好的情绪调节能力。

◎ 避免偏爱父母中的一个

要注意避免孩子在父母之间"亲一个远一个"的状况。由于家长在孩子成长过程中的付出不同，家长的性格不同，还有一些其他原因，孩子总会偏向喜爱父母中的一位，而对另一位则不太在乎。不是有句话叫"女儿大了跟爸亲"吗？进入青春期后，这种表现就会越来越明显，在有些家庭里，女儿跟妈妈简直成了"仇人"，一见面就掐，而爸爸往往会扮演"调解员"的角色。其实一家三口共同努力，情况才会有所改观。妈妈要更多理解女儿，关爱女儿，爸爸要适当帮助妈妈树立威信。父母可以与女儿倾心长谈一次，把彼此别扭的事情说开说透，达成共识才会增进感情。

12 家长该怎样对孩子进行赏识教育？

情景回放

义容是四年级的男生，爸爸妈妈都是工人，不太善于跟孩子亲密接触，认为孩子需要严加管制，长大后才能成才。在这样的思想指导下，他们动不动就对义容呵斥打骂，义容自尊心受到伤害，对自己也越来越没自信，遇事胆小，越紧张越出错，越出错越招父母骂，形成了恶性循环。老师看到这种情况后，主动找义容的父母沟通，告诉他们要给孩子适当的鼓励，积极的暗示才有利于孩子成长。

义容的父母听了老师的话，改变了教育方法。义容学习取得一点进步，他们就猛劲地表扬："嗯，义容真棒！"义容在某件事上有了独特的主意，他们就会狠夸："俺们义容就是聪明！"原以为这样就可以让义容找到自信，各方面应该有令人满意的进步了，没想到义容却越发的感到压力，考试出错率更高，有时成绩不理想，都不敢把试卷拿回给父母看，生怕令父母失望。义容的父母在教育方法上有什么问题吗？

关键点分析

义容的父母在育儿方面走了两种极端。最初他们是只看孩子的不足却不看优势，表现为对孩子苛责甚至是打骂，结果当然是导致孩子对自己没有信心。而且他们不分青红皂白责备义容，还可能打击了孩子的创新意识和活力，不利于孩子潜力的挖掘和水平的发挥。

后来在老师的提醒下，他们想改变教育方法，却没做到点子上，而是无原则地放大孩子的进步和成绩，且只重结果不重过程，孩子在心理上反而承受了更大压力，生怕一不小心又得不到家长的肯定，教育仍没有成功。

其实，"赏识教育"是值得肯定的，但它不是简单地称赞孩子，这是一门学问，需要家长掌握好"度"，还要学会正确的赏识方法，才能取得预期的效果，否则只会适得其反。像义容父母那样，经常表扬孩子"真棒"、"真聪明"，会使孩子在自我认识上发生偏差，总去想如何才能显示自己"聪明"，却忽略了享受解决问题的过程，而且会认为家长只看重结果，自己再努力，如果结果不理想，也不会得到父母的肯定，因此在遇事时就可能畏首畏尾，不敢轻易迈步。

关键帮助

◎ 不优秀的孩子更需要赏识教育

孩子问题比较多的时候，比如在家长会上，别人的孩子都受到了表扬，自己的孩子没被表扬，如果家长回家说"人家的孩子都被表扬了，就你没被表扬……"，孩子就会受到很大的伤害。因为孩子在班级里没有被人赏识，此时他恰恰需要家庭对他的赏识。这时孩子处在比较困难的时期，家长的赏识更为重要，是帮助孩子走出困境的重要动力。所以，赏识教育对并不优秀的孩子更为重要。

◎ 不要紧盯孩子的缺点

现在很多家长喜欢拿自己孩子的缺点与别人孩子的优点比，这就违背了赏识教育的初衷。家长不能总说"你就不如×××"，否则会让孩子很受伤害，也不能说"你看×××表现不如你"，这样会让孩子觉得家长很不厚道。如果非要比较的话，家长要找到孩子的优势，渲染这个优势，让孩子看到自己的优点，促进孩子建立信心。

家长不应该只看"短板"，如果只盯着"短板"，就会觉得孩子越来越一无是处，正确的做法是发现孩子的优点，扬长避短，在扬长的过程中，自然就会避短。

13
对孩子进行物质奖励，到底好不好?

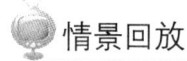 情景回放

琳琅满目的玩具柜台前，一位年轻的父亲在大声教育上小学二年级的儿子："你这次考试考得不好，这次就不给你买玩具，等下次考试考××分就买××钱的玩具，听见没有？"儿子自知理亏，唯唯诺诺地应允着，眼睛则无限渴望地看着那些充满诱惑力的玩具。

难以想象，在这样的引导下，孩子会有怎样的学习兴趣？

关键点分析

"重赏之下，必有勇夫"，这句话也多少适合于如今不少父母对孩子的奖励行为，他们认为通过物质激励可以促使孩子取得更大的进步和更高的成绩。从短期来说，这个方式也许会有一定效果。但是，如果父母不了解孩子的心理活动，采用单一的物质奖励的方式，就可能会带来严重的负面影响。

当孩子的学习目的成为得到玩具或者其他想要的东西时，学习的目的已经偏离了正确的轨道，会使孩子的学习蒙上功利的色彩，长此以往有可能会对孩子的人生观和价值观造成不良影响。

最重要的，父母对孩子的爱，应该是无条件的爱。父母爱孩子，买给他喜欢的益智玩具，这本身会让孩子心情愉悦并对父母充满感激，可如果这种行为与学习成绩相结合，就给孩子造成一种等价交换的感觉，让孩子觉得反正谁都不欠谁的。他并不会因得到玩具而变得喜爱学习。即使不好好学习，没有得到喜欢的玩具，他也并不会因此而愧疚。如果学习成绩总是达不到父母的要求，他就会产生自卑心理，只能在学习的路途上越走越累。

孩子毕竟年龄小，适当的物质激励也可起到积极作用。父母要掌握好孩子的心理，对孩子的奖励要采取精神激励为主、物质奖励为辅的原则。父母的赏识要得到孩子的情感共鸣，这是最重要的。物质奖励不论其价值多么高，相对于孩子更需要的理解和心灵呵护，都是廉价的。当孩子通过自己的努力取得优异成绩之后，得到来自老师、同学和父母的认可，这种成就感和自我满足感，远远胜过物质奖励带来的喜悦。

 关键帮助

◎ 精神奖励的愉悦感更强

成长的过程中少不了奖励，无论是精神还是物质上，但是一定要奖励到点子上。对于智慧的父母来说，奖励孩子的方式有很多。一句真心的赞美，一个真诚的拥抱，一个发自内心的微笑，看似简单的动作和神情，父母对孩子进行的这种精神奖励，都会带给孩子莫大的鼓励，可以使孩子获得愉悦的感受和幸福的体验，从而增强孩子的自尊心和自信心，激发孩子的进取心。

◎ 奖励要抓住适当的时机

家长要抓住对孩子的教育时机，在孩子取得成功的那一刻，及时传达赞美和奖励，这才是有效果，不要事情过去几天了才想起奖励，这就

完全不起作用了。而且在孩子特别郁闷和失败的时候，家长也应该第一时间把鼓励送给孩子，这可能让孩子受益一生。教育不是每时每刻的喋喋不休，也不是无原则的、无关紧要的奖励，无论奖励还是引导，在最关键的时刻是非常重要的，可能只是一个微笑，一句鼓励，对孩子的心理冲击都是非常剧烈的，但是如果过了这个最关键时刻，意义就不大了。

◎ 根据孩子的年龄选择适当的奖励方式

父母要根据孩子的年龄选择恰当的奖励方式。对于小学低年级的孩子，可多采用精神鼓励的方式，给予孩子及时的表扬。对于小学生高年级的孩子，可根据情况谨慎采取精神奖励和物质奖励相结合的方式，可以给孩子买他喜欢的东西；对于能够支配金钱的年龄稍大的孩子，必要时也可采用金钱奖励，但是数额不宜过多，并且还要引导孩子合理使用金钱。

◎ 老师也要注重精神鼓励

我在当班主任的时候，每到大型考试过后，在课间和午休的时候，我会在办公室等着学生，对成绩不好的孩子要及时给几句鼓励，帮孩子消除失败的阴影，孩子充满信心，有的只是擦干眼泪后的坚强、站起来后的勇敢。而且在一些重要的考试中，我会在卷子上写一句鼓励的评语，这会给孩子无限的力量。抓住时机鼓励，效果最佳，这是教育的一大艺术。

Part 2 理解孩子，也让孩子理解你

14
教育孩子，到底要不要惩罚？

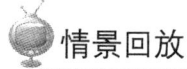 情景回放

1922年7月4日，美国国庆日前夕。一个11岁的美国男孩，搞到了禁用的烟花爆竹，其中一种威力特大的爆竹叫"鱼雷"。一天下午，他来到一座桥边，在桥边的砖墙旁放了一个"鱼雷"。一声巨响，引来了警察，把他带到了警局。因违反禁令，要罚款14.5美元。14.5美元在当时是一个大数目。这个孩子没办法，回家找爸爸。爸爸问，"鱼雷"是你放的吗？孩子说"是"。爸爸说，罚款我先替你交上，但这钱是我借给你的，一年后还。在接下来的一年里，这个孩子擦皮鞋、送报纸，通过打工最终赚回了14.5美元还给父亲。

这个孩子长大后成了美国的总统，他就是里根。这是他在回忆录中写到的一个故事，他说正是这样一件事让他懂得了什么是责任，那就是为自己的过失负责。

关键点分析

家长首先要明确惩罚的目的是什么。惩罚只是手段，必须明确其目的才有意义，要明确是为了家长自己出气，还是要孩子认识到自己的错误并改正。如果通过惩罚，能让孩子勇于承担错误之后的责任，往往坏事就变成好事了。

在孩子偶尔犯错误时，我们听到最多的是父母对孩子的训斥，但惩

89

罚的后果是什么呢？孩子表面上诚惶诚恐，内心深处对自己的错误行为根本没有反省，更不会去思考该如何修正自己的错误行为，甚至有些性格极端的孩子会想办法赶快逃离家庭，逃离父母的管束。

可见，惩罚并不能解决问题，反而影响孩子对自己错误行为的反思。所以，当孩子犯错误时，父母要做的应该是引导而不是惩罚。

 关键帮助

家长们还是担忧：孩子出现问题的时候，如何让他们承受自己行为的后果？换句话说：我们该用什么来代替惩罚呢？

◎ 告诉孩子你的感受

当孩子犯错误时，家长不要急于粗暴地惩罚，因为这时的父母头脑是很难保持冷静的，冲动地对孩子进行惩罚，只会适得其反。你可以向孩子说出自己此刻的感受，让孩子知道你的不满。比如告诉孩子"我现在心情不好"、"我很不高兴你的做法"、"我不喜欢你这样没礼貌"、"你的表现很让我伤心"等。这样做，一是让自己平静下来，二是让孩子知道你生气了，三是给孩子反思自己错误行为的机会和时间。

◎ 间接地"惩罚"

如果孩子的过错不大，家长可以对孩子已经发生的错误不必过分追究，而是通过给孩子使个眼色、对他的行动加以限制、扣留他喜欢的东西、限制他娱乐的时间等间接的惩罚手段与方式，让孩子记住这次教训。同时，还要对孩子以后的行为提出明确的要求，孩子应该怎么做、达到什么要求或标准，表明对孩子下次行为的期望。

◎ 让孩子体验错误行为的后果

像里根的父亲那样，当孩子在行为上发生过失或者犯了错误时，父

母不要给孩子过多的批评,而是让孩子自己承受行为过失或者错误直接造成的后果,使孩子在承受后果的同时感受到不愉快甚至是痛苦的心理惩罚,从而引起孩子的自我悔恨,自觉弥补过失,纠正错误。

◎ 告诉孩子怎样弥补自己的过失

孩子年纪小,经验少,当孩子做错事情时,家长要告诉孩子修正错误的具体方法,给孩子指明"出路",让孩子改错时有明确的目标,效果才更明显。孩子经历对自己不当行为的反思之后,再犯错误时,他就会想办法弥补过失,而不会一味地谴责自己"我真没用"。但家长千万不能含糊其词,甚至让孩子"自己去想办法"。

为了孩子的身心健康,请家长们嘴下留情,手下留情,多引导少惩罚,让孩子在健康和愉快的气氛中茁壮成长。

15 家长如何表扬孩子最有效?

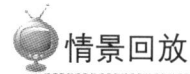 情景回放

小赵是个有心人,很注意对儿子的教育,并特别注意对孩子的表扬、鼓励。小赵的儿子好动、坐不住,在家看一会儿书就想出去玩,为此小赵费了不少心思,只要发现儿子看书坚持5分钟了,就赶紧表扬:儿子表现真好!儿子真棒!刚开始还真有效,孩子为了得到妈妈的表扬,坚持的时间越来越长,能坚持看10分钟了,小赵心里窃喜。

可是,孩子坚持没几天就烦了。当再次获得妈妈的表扬时,儿子开始提条件了:妈妈,让我多出去玩一会吧!小赵心想:适当的奖励也是应该的,就答应儿子多玩10分钟。

没想到，儿子的要求越来越多，这次买玩具，下次玩电脑，花样越来越多，要求也越来越高。只要妈妈不满足，孩子就不看书了，自己玩自己的，对妈妈的表扬就像没听见一样。

小赵怎么也想不明白，怎么让儿子把自己给绕进去了呢？

关键点分析

可以肯定，表扬是对孩子好行为的一种强化手段，表扬有利于孩子的健康成长，能对孩子起到鼓舞和激励作用，能激发孩子的自信心。但为什么时间长了，效果就不像预期的那样好了呢？甚至有的孩子还因为表扬变得骄傲自满，承受不起失败了。问题究竟出在哪儿呢？

心理学家研究表明，聪明的孩子不应该因他们的智力和学习成绩而总是得到夸奖，因为这样做会使他们不能承受失败的打击。

看来，表扬也是一门艺术。对于父母来说，表扬是很有讲究的，巧妙、恰如其分的赞赏会给孩子带来积极的动力；反之，不仅产生不了任何效果，还有可能起到相反的作用。比如：对性格内向、个性懦弱、能力较差的孩子，父母的及时表扬能增强他们的自信心；而对虚荣心理强、浮躁傲慢的孩子，父母一味地表扬，则会助长他们的不良性格。

所以，表扬要有针对性，家长必须对自己孩子的行为、性格有深入的了解，基于这种了解的表扬才能恰如其分，才会收到良好的效果。不然，家长就会像案例中的小赵一样，表扬单一、不具体，让聪明的孩子把自己绕进去还不知怎么回事。

关键帮助

既然表扬也是一门艺术，家长怎样才能使表扬更有效呢？希望下面的观点能给你带来一些启发和参考：

◎ 表扬要真诚、及时、有新意

一是父母要真心表扬孩子。表扬要留有余地，不要过分地夸张，也不要信口开河地敷衍，否则，会使孩子失去对父母的信任。二是表扬要及时。孩子对发生的事情很容易忘掉，父母及时的表扬，才会有助于孩子对良好的行为形成印象深刻的认知，从而能够及时内化表扬的内容。三是表扬要有新意。可以用语言，也可以用爱抚的手势、眼神等。

◎ 过程表扬、能力表扬、结果表扬

一是过程表扬。比如，"你的方法很巧妙"、"你很努力，遇到困难也没放弃"等，对孩子完成任务的过程进行表扬，会使孩子不怕失败，勇于进取。二是能力表扬，比如，"你真棒，房间收拾得很干净"、"你很认真，这次考试成绩不错"等，这种表扬一定要适当，对提高孩子的自信心有一定的积极意义，但如果一味地进行能力表扬，会给孩子带来负面影响，尤其是会使孩子害怕挑战。三是结果表扬，比如"这次的任务完成得不错"等，这种表扬效果介于前两种表扬之间。

◎ 措辞要适度

对孩子的评价应该是公正、准确的。不要孩子有一点进步就欣喜若狂，赞不绝口；也不要因为怕孩子骄傲，孩子有很大进步也视而不见。在规范孩子行为的过程中，既不夸大其词，也不脱离实际，准确地把握表扬的尺度，给孩子指明前进的方向。

切记：赏识，关键在于发现孩子的闪光点，无原则地表扬则会不利于孩子成长的。

16 孩子为什么越来越不听话了?

情景回放

京京是一个11岁的男孩,从小十分乖巧听话。可是,最近妈妈发现京京变得不听话了:让他倒垃圾,他拒绝;让他做作业,他却去看电视;不让他上网,他却偏跟同学去网吧……

对京京的行为,爸妈太失望了,忍不住多次严厉地批评京京。没想到,随着批评的增多,京京的逆反情绪也越来越升级,开始公然对抗父母的管教。他干脆不让爸妈进他的房间,不许爸妈动他的东西。父母不让他做的事情他偏偏要做,让他做的事情则故意磨磨蹭蹭。京京也变得越来越暴躁,动不动就发火,真让父母不知道说什么好了。

关键点分析

科学研究证明,在每个孩子的成长过程中,会出现两个生理叛逆期。第一个生理叛逆期出现在4~5岁,第二个生理叛逆期出现在11~13岁。可见,不听话是孩子发育中一种独特的心理现象,也是孩子成长过程中一种必然的生理现象。

既然生理期的"叛逆"是孩子正常的心理反应,家长就不必过于担忧,而是应该给予孩子更多的关心、理解、包容和适当引导,帮助孩子顺利过渡。

另外,父母也应科学地看待孩子这个阶段的"叛逆"现象。孩子不听话是孩子自我意识的一种萌芽，父母的指令必须能够说服孩子，孩子才会考虑服从。所以，造成孩子的不听话行为，除了孩子自身的心理与生理因素，更与父母教育方式的不当有直接关系。因此，家长在想方设法纠正孩子不听话的同时，也应该反省反省自己，找出自身教育的不足之处，从孩子和父母两方面出发，双管齐下，找出解决孩子不听话的科学方案。

关键帮助

了解了孩子不听话的原因，家长就要想办法帮助孩子"修剪"掉这些"不听话"的"枝条"，让孩子成长为参天大树。家长应该如何"剪枝"呢？

◎ 倾听孩子的心声

教育专家曾指出：消除孩子的不听话行为，就是不断消除与孩子之间的误解的过程。所以，家长要学会倾听，倾听孩子的心声。通过倾听孩子的诉说，取得孩子的信任；通过倾听孩子的诉说，让孩子体会到父母的关爱和温馨，从而对父母更加亲近与尊敬，有利于父母对他们的不听话行为进行明确的教育和指导。

◎ 引导而不处罚

当孩子不听话时，父母一定要保持冷静的头脑，不能一味地责怪，更不要处罚孩子。解决问题最根本的办法是以教育为主，放下家长的权威与孩子平等地交流，循循善诱地引导孩子，耐心地跟孩子说明道理，让孩子知道问题的严重性，从内心接受教育。这样才能够有效地教育、改变不听话的孩子。

◎ 充分信任孩子

要让孩子听话，家长还要给予孩子充分的信任，让孩子觉得父母像自己的朋友一样。孩子的事情，要放手让他自己去做，让孩子从父母的信任中，提高责任感和自信心。对家庭生活中的一些事情，可以让孩子来出主意，让孩子感觉到父母对自己的信任，从而更加尊敬父母。

矫正孩子不听话的心理偏差和行为，父母既要有耐心和恒心，也要采取正确的教育方法，孩子的逆反心理就会逐渐消除，不听话的现象也就会越来越少。

17
如何引导青春期的孩子与异性相处？

情景回放

小雪进入五年级后，常常回家后跟妈妈说，班里好多女孩都不想跟男孩玩了，她也不想跟男孩玩，觉得男孩太淘气，有时还"装酷"，招人烦。但同时，她也跟妈妈说，班上有两个男孩学习挺好的，长得也挺帅，还不像别的男生那样淘气，好多女生都喜欢他俩，可能有人"爱上他们了"。妈妈觉得小雪太关注男女生的事了，就厉声训斥她，让她集中注意力好好学习，不要胡思乱想。

小雪被训后，不再跟妈妈说这些事，可是却越来越内向，整天像是有心事似的，做作业时也会托起腮，眼睛盯着窗外，妈妈也摸不透她在想些啥。问了老师，老师说小雪在班上基本不跟男生说话，上课也有分神的时候。小雪这是怎么了？妈妈训斥得对吗？家长到底该怎样帮孩子正确处理与异性同学的关系呢？

关键点分析

小学高年级的孩子，身体开始发育，对性别的意识开始萌生并日趋强烈，与异性交往不再如以前那样自然，常常会出现一些问题，不是拒异性于千里之外，就是太过亲密。这些不自然的状态，既影响心情，影响心理，也可能影响学习。

小雪的表现正反映了进入青春期孩子的普遍心理。他们在与异性同学交往时，一方面会感到不安，有时还很羞涩，甚至是反感；另一方面，他们又从内心里关注异性，对于比较出色的异性同学也会心生情愫，渴望与对方接近，也希望被对方关注。这样的心理是很正常的，家长大可不必慌张。

实际上，正常而大方的异性交往，有利于孩子情感的宣泄和心理的健康发展。关键是家长要正确引导他们，对待同学间的异性交往，要大方自然，适可而止。小雪的妈妈有点过度紧张，在她的打压下，小雪不再提及这个问题，可是内心却未必平静。失去了父母的帮助，她无法独自排解内心的困惑，对这个问题很难释然，言行中当然会出现异常现象。小雪的妈妈应该反思，要设法与小雪再次交流，重新找回母女间的那份信任，解决小雪内心的困惑，帮助小雪正确处理好与异性同学的关系，积极、健康地生活与学习。

关键帮助

青春期的重要特征之一就是开始对异性产生好感，有了性的萌动。所以，进入青春期的孩子，对异性产生好感是非常正常的表现，是一种生理和心理健康的表现。家长和老师应该正确引导，而不要横加指责。

另外，如果家长和孩子能像朋友般地相处，一般孩子不会出现早恋，而父母经常吵架或者离异家庭的孩子早恋的概率要高得多。因此父母应该为孩子营造一个温馨幸福的家庭环境。

◎ 消除孩子的困惑和不安

家长可以用自身经历或身边的事例与孩子沟通，消除孩子心理上的困惑和不安。真实的事例很有说服力，孩子会明白，成长到一定年龄阶段都会对异性有特别的感觉，有时会戒备，不愿接触，有时又会喜欢，很想被对方关注，这些都是正常的，不要大惊小怪，没必要在心里犯嘀咕。家长可以与孩子一起分析，异性身上到底有哪些区别于同性的独特之处，哪些是值得欣赏和学习的，哪些是需要避免的。这样，孩子就会明白同性、异性之间的差异，摆正与同性、异性的关系，发展与异性同学的正常友谊，在学习中相互帮助，共同提高。

◎ 引导孩子正常交往

孩子与异性交往时，家长不要如临大敌，觉得大逆不道，做出伤害孩子的种种事情，这反而是逼着孩子去恋爱，因为无法跟家长交流，只能两个人交流，倾诉痛苦。家长要引导孩子与异性正常交往，一味拒绝逃避或一味接近纠缠都是不妥的。家中有差不多年龄的异性亲戚，可以让孩子多与之接触来往。亲戚间一般不会出现家长担心的超正常友谊，而且更容易交流与沟通，也方便家长及时把握孩子处理异性关系时的能力和态度，及时予以指导。孩子在这样的接触来往中，可以慢慢体会如何把握与异性交往的分寸，渐渐达到语言和表情自然，行为举止得体大方，既不过分夸张，也不畏首畏尾；既不冲动直接，也不闪烁其词；既不虚张声势，也不矫揉造作，要尽量做到像对待同性同学那样真诚自然。孩子有了与异性亲戚的交往经验，再去处理与异性同学的关系就会驾轻就熟，不会因为性别问题而把异性同学间的关系搞得复杂起来。

◎ 帮助孩子走出情感误区

家长要仔细观察孩子的言行举止，一旦发现有异常现象，要及早向孩子了解情况，帮助孩子走出情感误区。有些孩子对异性过度关注，而心理上又不够成熟，可能会在与异性交往中过早萌生说不清楚的情愫，陷入类似"暗恋"的烦恼之中。如果对方也有此意，就可能演变成青涩的"早恋"；如果对方不予回应或直接拒绝，又可能造成心灵上的伤害。这些微妙的心理变化，如果不能及时排解，肯定影响生活与学习。家长是孩子最亲密的朋友，有责任在第一时间帮助孩子，为孩子指点迷津。需要提醒家长的是：不要用强压的方法逼迫孩子与异性断交，否则会引起孩子的逆反心理，不仅于事无补，反而可能弄巧成拙，事态变得更加严重，最后无法控制，局面无法收拾。最好的办法是旁敲侧击地与孩子交心，让孩子的热情慢慢地自然冷却，回到正常的轨道上来。

◎ 教给孩子交往技巧和注意事项

家长可以直接教给孩子与异性同学或朋友相处时的技巧和注意事项。例如，要克服羞怯感，不要因为不自然的回避引起对方误解；要真诚坦然，做真正意义上的朋友；要注意异性之间接触时的"度"，不能毫无顾忌，特别是要尽量减少肢体间的接触，也不要有过分亲密的语言；最好不要单独与异性接触，但也不要一味拒绝异性的帮助，不要走得太近、太密，也不要走得太深、太远，以免超越正常的异性交往界限。如果遇到涉及异性的事情自己无法处理，一定要及时与家长交流、沟通，得到家长的支持和理解是很重要的。

还有很重要的一点是，家长要构造温暖和谐的家庭，与孩子良好沟通，这是防止小学生早恋的最重要的前提，大部分早恋是因为孩子跟家长没有共同语言，在家庭中找不到温暖，所以一旦遇到异性关怀，就倍感温暖。

18
家长如何成为孩子学习的伙伴，共享学习的乐趣?

情景回放

冯裕的爸妈都是普通的下岗工人，但他们特别注意对孩子的引导、教育。冯裕上小学后，几乎每个晚上一家三口都会聚在一起看书学习，一起探讨作业中的疑难问题，一起交流读书的心得体会，一起分享学习上成功的快乐。

孩子做完作业，最喜欢的就是给父母讲科幻故事，看着爸爸妈妈像小学生一样听得津津有味，冯裕就越会讲得绘声绘色。在这个家庭中，孩子是学习的小主人，父母成了孩子学习中的伙伴、生活中的知心朋友、成长中的精神支柱。为了促进冯裕的学习，父母省吃俭用，为孩子购买了很多科普及学习方面的书籍，并经常和孩子一起探讨书中的一些科学知识。他们时常以儿子的成功为荣，对儿子取得的成绩经常加以赞赏。

功夫不负有心人，在第17届全国青少年创新大赛中，冯裕终于脱颖而出，获得了江苏赛区一等奖、全国二等奖。

关键点分析

就像冯裕的父母那样，许多成功孩子的背后都有善于学习的家长。在一个提倡终身学习的学习型社会里，人与人之间的关系正在发生许多变化，包括父母与子女之间，已经不再只是传统意义上的家长与孩子的关系，父母还应该成为孩子的学习伙伴。

一直以来，家长都习惯把学习当成孩子自己的任务，家长只是检查孩子的学习任务是否完成，以及完成的效果如何，以至于有些孩子感叹：做父母多好啊，回家可以看电视、玩电脑，不用看书、写作业，周末也不用上特长班。

在这样的家庭氛围中，孩子不愿意学习也是很容易理解的了。成功的家庭教育，往往建立在共同学习的基础上。家长可以针对自己的兴趣或者工作需要，了解相关领域的新资讯，学习新技术，也可以跟孩子一起研究共同感兴趣的课题，探索世界。随着网络时代的到来，信息更迭、知识更新得更快，很多东西不及时学习很快就会落后。如果父母不注意学习，就很难跟上时代的脚步，也很难了解孩子的世界。因为孩子从小就生活在信息社会里，对新知识的接受能力比家长可快多了。

所以，家长不要再把自己当成一成不变的权威了，无论是思想观念还是知识结构，家长也许该向孩子学习。何不成为孩子的学习伙伴，与孩子相互学习、相互促进，共同进步、共同提高呢？

成为孩子的学习伙伴，并不要求家长要有多少知识，也不需要家长把孩子学的知识全部再学一遍，而主要是"学习伙伴"这种关系的建立。让孩子感觉到在知识的海洋里自己并不是孤军奋战，学习就不会那么乏味和单调，而会变得更加快乐、更加有效。

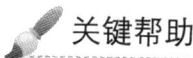 关键帮助

那么，家长如何来扮演好这个"学习伙伴"的角色呢？

◎ 创造学习的氛围

家长无声的榜样，比任何语言都有效。茶余饭后，爸爸妈妈都手捧一本书，孩子还好意思不做作业而去玩电脑吗？孩子完成学习任务后，父母和孩子同看一本书，和孩子探讨书中的科学知识、有意思的人文趣事，让孩子知道，书是人类最好的朋友，通过看书可以了解许许多多的奥秘。可以在家里为孩子开辟专用书架，经常带孩子去书店买新书。

◎ 让孩子成为家长的老师

家长成为孩子学习伙伴的最佳方式，是让孩子当家长的小老师。在低年级段时，可以让孩子教家长学新的英语单词，教家长唱新的歌曲，教家长讲新的故事，教家长做新的游戏。在高年级段时，就可以让孩子教家长一些孩子感兴趣的网络知识，家长可以假装不会，让孩子给家长讲解数学问题等。

◎ 共同体验学习的乐趣

家长可以与孩子一起学课文，朗读优美的篇章，充当孩子的第一听众，对孩子富有感情的朗读给予鼓励的掌声；孩子发现问题时，家长不要急于告诉孩子答案，而是与孩子一起查找资料，教孩子利用学习工具的方法，感受信息时代的方便、快捷；和孩子一起游戏、探究实验，查找失败原因，体验成功的乐趣。

努力成为孩子的学习伙伴吧，与孩子一起体验学习的乐趣和成长的快乐，这也是家长的快乐源泉。

19 家长应该怎样陪孩子"玩"？

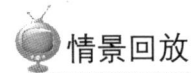
情景回放

小李很喜欢陪儿子玩，儿子从小也特别喜欢跟妈妈玩。小李陪孩子玩的花样很多，倒不一定非到外面去，周末在家里，娘俩照样玩得开开心心，快快乐乐。

慢慢的，儿子还真玩出效果来了。和妈妈数豆子"数"出了对数学的兴趣，孩子的数学成绩明显提高；玩组词游戏"玩"出了使用字典等工具书的兴趣，遇到不会的字、词再也不用问父母了；组装航模"装"出了对科学的兴趣，缠着妈妈到书店里买回一大摞小学生科普读物，做完作业后就废寝忘食地看；种植花草又"种"出了对植物学的兴趣，在阳台上种花生、种豆子，天天观察，记下了不少的观察日记，还提高了写作的兴趣……

终于，孩子在玩中选出了自己最喜欢研究的问题"让苹果防腐的方法"，并潜心研究了一年多，论文获得省青少年科技大赛一等奖。

关键点分析

中国的家长最讨厌孩子玩，因为怕孩子因"玩物"而"丧志"。看了上面的案例，家长还这样认为吗？

其实，玩是孩子的天性，是孩子认识客观世界、获得身心各方面发展的最基本手段，不爱玩的孩子长大后不会有出息。玩和学习并不矛盾，在玩中成长，在玩中学习，是最适合低年级小学生的方式，不仅可以满足孩子娱乐的需求，还能让孩子在玩中发现自己的特长和兴趣。

父母在休闲时间和孩子一起玩有很多益处：一是利用陪孩子玩的机会，可以让孩子获得体验知识的乐趣；二是可以帮孩子发现自己的特长和兴趣，更好地引导孩子发挥潜能；三是避免孩子因缺少与同伴交往而产生的孤独感；四是便于父母融入孩子的内心世界，使亲子关系更和谐、融洽；五是有利于家长自身放松心情，冲淡工作压力带来的不良情绪；六是能减少玩中的不安全因素，还能有效地控制孩子玩的时间和内容，不至于"玩物丧志"等。

所以，作为家长，赶快挤时间开动脑筋和孩子一起玩吧。

关键帮助

小学生的家长可以陪孩子玩什么，如何玩呢？

◎ 利用好身边的物品

玩，不一定需要多昂贵的玩具，也不需要花多少钱，把身边的一些小物品利用好，同样会收到很好的学习和娱乐效果。

①数豆子（花生等），相同时间看谁数得快。

②用豆子（花生等），摆出各种图案、数字、文字等，看谁的构思

巧妙，看谁摆得又快又好。

③用火柴摆出不同的算式，让对方摆出答案。

④用火柴摆出错误算式，规定移动几根火柴，使算式正确。

⑤用纸折成各种动物等；折飞机比赛，看谁折的纸飞机飞得最远。

⑥和孩子同画一张画。

⑦抢椅子游戏。

⑧利用树叶、废布头、废袜子等，制作粘贴画。

……

◎ 棋牌类游戏

扑克牌、跳棋、围棋、军旗、五子棋等棋牌类游戏，也是孩子最喜欢和家长一起玩的，可以根据孩子的兴趣，有意识地培养孩子在某几类游戏中的技巧。

其中扑克牌游戏能锻炼孩子的运算速度，集中孩子的注意力。比如，家长出扑克牌，让孩子快速累加牌上的数字，家长每出一张，就让孩子迅速报出运算结果。家长要根据孩子的注意力集中程度和报出运算结果的速度，调整出牌的频率。

◎ 球类游戏

羽毛球、乒乓球、篮球，有空就和孩子打打，不一定打得多么好，也不一定多么遵守规则，乐在其中就好。

◎ 天然玩具

大自然提供了大量的天然玩具，如落叶、树枝、小石块、沙土等。同各种人造玩具相比，这些天然玩具既经济实惠，又更加吸引孩子。

带孩子到大自然中，堆沙子、挖"城堡"、造"高楼"、捉鱼虾，利用好一片片形状奇特的树叶、一个个形状各异的小石块、一段段曲直不同的枯枝，一起和孩子设计，或造假山，或造房子，或搭院墙，或铺路……让孩子尽情发挥他的想象力和创造力。

别担心这些东西会把你的家弄脏、弄乱,也别担心孩子弄个大花脸,和孩子的快乐相比,和全家的精神享受相比,这些又算得了什么呢?

家长能陪孩子一起玩的东西实在太多了,只要开动脑筋,一定会设计出更多孩子喜欢也乐于参与的游戏。

20
孩子不喜欢某位老师,该怎样正确引导?

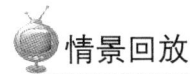
情景回放

小刚是个很聪明的孩子,特别喜欢数学,成绩也一直不错。三年级开学后,小刚所在的班换了一位新的数学老师。没想到,半个学期下来,小刚的数学成绩直线下降,从原来的90多分一直降到期中考试的78分!

看到小刚的数学成绩,妈妈非常生气,忍不住把小刚狠狠地批评了一顿。没想到小刚比妈妈还生气:"我就讨厌数学老师!讨厌数学课!我一辈子都不想学数学了!"

妈妈明白了:原来是儿子不喜欢新的数学老师,导致讨厌数学这门学科的。小刚妈妈是一位非常有智慧的家长,她先找小刚的班主任详细了解了数学老师的个性特点,然后打电话约见了数学老师,和数学老师一起探讨了小刚的学习问题。

小刚妈妈与数学老师沟通得很顺利,老师很快和小刚谈心了。放学后,小刚兴高采烈地回家向妈妈汇报:"数学老师找我谈话了,夸我是数学天才,课堂上没怎么听讲,还考了78分,如果认真听课,肯定能考满分!"

小刚妈妈轻轻地舒了一口气,对小刚的数学不用再担心了。

关键点分析

小学生一般不是给自己学的,而是给老师学的,喜欢哪一科老师哪一科就学得好,不喜欢某一科老师就学得不好,所以小学阶段不喜欢某科老师,是非常严重的问题。要解决孩子不喜欢老师的问题,必须分析清楚具体的原因是什么,找准了问题所在,才能制定出相应的解决方案,做到有的放矢。一般来说,孩子不喜欢老师可能有以下几方面的原因:

◎ 孩子感觉不受重视

一个班有五六十个孩子,老师在课堂上面对这么多性格迥异的学生,没办法给每个孩子都提供表现自己的机会。时间长了,有些孩子就会认为老师偏心、不重视自己。

◎ 孩子内心委屈

老师在处理学生之间的问题时,有时会无意中冤枉了孩子,伤了孩子的自尊。孩子感觉很委屈,与老师感情逐渐疏远。

◎ 孩子对某学科缺乏兴趣

孩子对某些学科感兴趣、喜欢学,这些学科的成绩自然好;而对不感兴趣的学科,成绩就会一般,尽管没受到老师的批评、责备,但孩子自认为老师不会喜欢自己,于是对老师缺乏好感。

◎ 孩子对新老师不适应

不同的老师在教学和管理班级上方法不同,有些孩子对新换的老师不太适应,总认为不如原来的老师好,也会导致孩子和老师的对立。

 **关键帮助**

"亲其师,信其道"是常理,要解决孩子不喜欢老师的问题,家长可以试试以下几种方法:

◎ **尊师教育**

首先要对孩子认真地进行尊敬师长的教育,因为有了尊敬,才能建立良好的师生感情。家长不妨告诉孩子:老师是人不是神,和我们一样难免有缺点、犯错误。老师每天要面对那么多的同学、问题,可能会处理不当,也可能会误解了你,或者是语气太严厉而伤了你的自尊。如果你心里感到委屈,可以及时和老师交流,说出你的想法,但前提是你首先要尊重老师。

◎ **转变对老师的看法**

家长要多挖掘孩子老师的优点,可以到学校做一些侧面的观察、调查,找一些对孩子老师熟悉的人,尽可能多了解老师的长处、闪光点,然后装作无意识地把老师的这些长处、闪光点告诉孩子,在孩子面前多夸奖老师,引导孩子认识老师的优点和长处,让孩子对自己的老师有崇拜感。

◎ **与孩子的老师沟通**

孩子不喜欢哪位老师,家长要主动与这位老师沟通,以尊敬、虚心的态度,倾听老师的话,了解孩子在学校里的表现,设法取得老师的帮助和支持。让老师适当给予孩子一些"偏爱",比如批改作业详细一些,主动找孩子谈谈心,课堂提问多一些,多给孩子一些表扬、鼓励等。老师的这些做法,能让孩子感觉自己非常受老师重视,比家长讲的大道理管用多了，孩子很快就能改变对老师的看法。

家长给老师做工作，最好悄悄进行，不要让孩子知道，如果孩子知道是父母找了老师，老师才对自己重视的，孩子会感到在同学面前丢脸的，对老师的印象就会大打折扣。只要老师的态度转变了，孩子自然也就改变了。

21
家长该不该支持孩子竞选班干部？

 情景回放

融融升入五年级了，开学不久班主任就通知，班上要竞选班干部，让有实力和意向的孩子准备参选。融融学习成绩不错，经常考全班的第一、第二名，但一直没有当过班干部，因为融融和爸爸妈妈都认为，当班干部会影响学习。

现在融融五年级了，如果小学毕业前都没当过班干部，升初中时可能会吃亏。融融的妈妈有点犹豫，既想让孩子好好学习，又想让她当回班干部，锻炼一下她的能力，升初中时还可以加分。融融却仍坚持自己的想法，说要"一门心思搞好学习"，不愿参加竞选。妈妈了解融融，她从来没试过在班上作竞选演讲，也不太喜欢出头露面，所以一直胆小，"一门心思搞好学习"只是她的一个借口。那么，融融的妈妈该不该动员融融去参加竞选呢？

关键点分析

小学期间，特别是低年级，班上诸多事务其实都是由老师在安排，

班干部只是老师的小助手。到了高年级,学生干部可能会多承担一些事务,但应该不太会影响学习。毕竟教育与管理的职责是由老师承担的,让学生们参与班级管理,不过是为了锻炼孩子们的组织能力和判断能力,让孩子们在为别人服务时体会到一点辛苦、一种责任、一份友情,并在这个过程中不断建立自信,为今后更好地服务社会打好基础。从这一点上来说,无论于公于私,当学生干部,都是一件值得参与的好事,家长要支持和鼓励孩子,不能拿学习当借口,把机会拒之门外。

有些家长比孩子想得多想得长远,为了让孩子在初中升学时能多一块敲门砖,苦口婆心地劝孩子竞选班干部,甚至私下跟老师"沟通",想让孩子当上班干部,这就有点本末倒置,俗化了班干部的职能和让孩子当班干部的初衷。孩子反而会不知所措,表现出两种极端:一种是太过热衷,影响学习;另一种是竭力抵触,不愿涉足。所以,当班干部实际上是孩子自己的事情,要视孩子自身情况再决定是否参与,最好不要太功利。

 关键帮助

◎ 明确当班干部的目的

家长首先应该明确一个道理,就是当班干部看似为别人服务,其实是在为别人服务的过程中,提高自身的交往能力,提高自己的领导能力,提高自己的责任感,所以对孩子的健康成长是非常重要的。家长应该在这样看待班干部的前提下,分析孩子的情况,确定是否帮助孩子和如何帮助孩子。

家长还要对孩子强调,当班干部肯定会多一些烦恼,并不是当上班干部就一片莺歌燕舞。自古雄才多磨难,正是因为当了班干部,必然会多接触一些矛盾,所以会多一些烦恼,这是成长的必然,要能忍受。

◎ 不要以影响学习为借口阻止孩子当班干部

不要总拿考试升学向孩子施压，这会使孩子逐渐失去当班干部的兴趣，甚至产生消极情绪。

一旦孩子表现出对竞选班干部的兴趣和自信，家长就给予全力支持和鼓励，认真帮他们写好演说辞，耐心听他们在家中试讲，不时为他们打气加油，同时做好孩子的思想工作，成功很好，失败也无所谓，毕竟在参与竞选的过程中可以学到许多东西，在与别人的比较中也认清了自己的不足，在竞争中学会了谦让，增强了信心和勇气，这些都是人生历程中的宝贵财富。

◎ 不要勉强孩子当班干部

如果孩子性格使然，对当班干部一点兴趣都没有，实在不愿意涉足，那家长也不要强迫。毕竟不是每个人都适合当干部，当好一各普通学生，也是对班级工作的支持。

22
家长如何跟老师沟通才最有效？

情景回放

果果上二年级了，是个比较内向的孩子，妈妈一直想找个机会与老师沟通，探讨怎样让果果主动、活泼一些，可一直没找着机会。早上爸妈把果果送到学校门口，中午果果在学校里吃饭，下午放学由助学员接，爸妈下班后再带果果回家。果果妈根本见不着老师，更谈不上与老师沟通。

平时，果果学习各方面也不存在什么问题，果果妈也就没找机会跟老师交流。直到开家长会了，果果妈才见到孩子的老师。看着其他孩子的父母对老师热情有加，和老师谈得很热烈，果果妈根本插不上话。

所以，一年过去了，果果妈也没找到机会和老师好好交流交流，自然，果果的性格也没多大改变。果果妈总觉得还是应该多和老师沟通一下，又怕老师一天到晚挺忙，随意打扰也不太好，于是不断地反思自己：这样和老师的联系是不是太少了？与其他家长相比，我是不是太不尽职尽责了？而我又该怎么和孩子的老师沟通呢？

关键点分析

像果果妈一样，许多家长朋友就是在一次次的犹豫中，失去了和孩子老师交流、沟通的机会。其实，父母都很迫切想了解孩子在学校里的情况，也想让老师知道孩子在家里的表现，想听听老师的建议，帮孩子改变某些方面的不足，但又不知该如何与老师沟通，担心说得不好会跟老师关系闹僵。

人际沟通本来就是一门大学问，为了孩子教育着想，父母和老师的沟通显得更重要。如果家长从不去学校，对孩子的事不闻不问，这样的家长肯定会让老师失望；而三天两头去学校，一点鸡毛蒜皮的事都去找老师理论的家长，也一定是老师最感头疼的。

所以，家长一定要与老师沟通，但要避免如下几点：一是谈话啰嗦，无重点、无主题，浪费老师的时间；二是护短，总给孩子的错误找理由，任意夸大孩子的优点；三是居高临下，不像来和老师沟通孩子的问题，倒像是领导给下属训话；四是功利性太明显，孩子有问题了找老师，没事了很久不再和老师联系。

家长和老师交流的方式有多种，只要注意沟通的态度与技巧，定会和老师达成有效的沟通，给孩子合适的教育。

关键帮助

那么，家长和老师的有效沟通要注意哪些问题呢？

◎ 沟通的态度

很多家长等孩子学习不好了才去找老师，自然脸色不好看，口气也不友好。这种做法很不明智，特别是一些家长跟老师说："我的孩子原来学习特别好，现在怎么就不行了？"这不是找老师沟通，而是兴师问罪。

家长应该在孩子考得好的时候给老师发个短信，表示感谢。比如："老师，孩子这次数学成绩有非常大的进步，都是由于您的帮助，孩子回家也经常说起您对他的大力帮助，非常感谢您！"这样的短信，会让老师非常感动，他会想："我并没有特别帮助孩子，家长却把功劳记在我身上，就冲着家长的为人，我以后也得特别关照一下这个孩子。"

和老师沟通时，家长满怀感激的态度是有效沟通的前提。无论是孩子有了进步还是捅了娄子，家长都要耐心听老师把事情说完，然后虚心听取老师的建议，相信老师都是为了孩子更好地成长。这样的态度，才有利于协助老师解决孩子的问题。

◎ 沟通的时机

如果之前与老师沟通不畅，那么家长应该在孩子取得好成绩的时候及时去感谢老师。在一些关键的环节，家长要和老师及时沟通。一是孩子出问题时，无论是学习方面、纪律方面、和同学交往方面，还是心理方面；二是刚开学、特别是换了新老师时；三是期中、期末考试后；四是和老师沟通一周后；五是孩子升学选择学校时。

◎ 沟通的方式

如果家长有时间，和老师面对面交流、沟通最有效。如果家长没时间，电话交流也是比较快捷的一种沟通方式，可以及时解决一些问题，但要注意打电话的时间，不要影响老师正常的工作和生活。另外，采取网络交流的方式更为方便，像QQ聊天、电子邮件以及博客留言等，都是十分有效、便捷的沟通方式，家长可以根据需要和习惯灵活选择。

◎ 沟通的内容

如果是孩子的某些方面出了问题，家长就要针对孩子的具体问题与老师沟通，以便尽快帮孩子解决问题；如果是孩子换了新老师，可以把孩子的一些特点介绍给新老师，便于老师对孩子的了解；如果孩子对某一学科不感兴趣，可以先向老师了解孩子在课堂上的表现，麻烦老师多关注孩子一些；如果只是想和老师交流交流，可以把孩子在家里的表现反馈给老师，还可以向老师提出一些真诚的期望。

Part 3 跟孩子一起积蓄学习的潜力

01
孩子不愿学习，家长该如何培养孩子的学习兴趣？

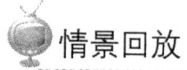 情景回放

潘盾上三年级了，这孩子聪明、活泼、贪玩，一玩起来特别专注、投入，仿佛把其他事都忘了。可他就是对学习提不起兴趣来，只要父母让他看书、做作业，或是说学习一会儿吧，孩子马上脸色就变了。

尽管不情愿，作业总得做啊，所以，家里几乎每天都重复着相同的情景：爸妈提醒潘盾该学习了，话音一落，首先看到的是孩子晴转多云的脸，然后是拖拖拉拉的脚步声传来，孩子极不情愿地走到书桌旁，在书桌旁磨蹭半天，好不容易坐下来，满脸不高兴地拿出书本，发一会呆，才开始慢慢地写作业。

每次看着潘盾的表现，他爸爸气就不打一处来，不知对孩子吼过多少次，也不知给孩子做过做少次工作，可孩子依然对学习提不起兴趣来。没办法，爸妈轮流陪着孩子写作业，几乎像监视犯人一样看着儿子写。再看看儿子，听到学习就条件反射般地皱眉头，也真的可怜，像犯人一样，愁眉苦脸，唉声叹气，哪里还能找到活泼可爱的影子？

关键点分析

像潘盾这样的孩子还真不少见。这些孩子一般都聪明、活泼、可爱，思维敏捷、做事灵活，可就是不愿意学习，不愿意去学校，不愿意做作业。许多家长软硬兼施，能想到的办法都用了，就是没有明显的

效果。

其实，没有学习兴趣是孩子的通病。七八岁的孩子，做事全凭自己的兴趣，根本不懂得为什么要努力学习。特别是在学习过程中遇到困难，大人没有及时帮助解决；或孩子成绩一般，家长、老师批评过多；或孩子学的知识只停留在书本上，感觉不到学习有什么用处；或孩子从来没体验过学习成功的喜悦；或孩子从来没受过激励和表扬失去了自信；或是大人对孩子的学习逼得太紧、要求太高时，孩子都容易失去对学习的兴趣。

所以，当孩子对学习失去兴趣时，批评、谴责、打骂都不能从根本上解决问题。家长要找出孩子不愿学习的具体原因，然后对症下药，才会收到良好的教育效果。

关键帮助

根据孩子这个年龄的段的心理特点，家长可以从如下几方面入手，帮助孩子尽快提高学习的兴趣。

◎ 换位思考

家长要学会换位思考，理解这个年龄段孩子的兴趣、爱好，包括这个年龄孩子所共有的缺点。

既然玩是孩子们的天性，那就利用孩子的好奇心，在玩中，抓住孩子的兴趣，及时引导孩子积极思考，有目的地启发孩子学习。像玩具小车为什么会前行还会后退，树叶为什么秋天会变黄、冬天会掉落，乒乓球怎样掷可以弹得高等，孩子这些千奇百怪的问题，家长们都可以利用起来，或给孩子解答一部分，或和孩子一起查资料，让孩子自己体会知识的有用，以此激发孩子学习的兴趣。

◎ 不要用家长的标准去要求孩子

家长要根据孩子发展的特点来评判孩子，不要用自己的标准去要求孩子，这样会发现孩子更多的优点。而且要多表扬孩子，不要吝惜你的赞美。

◎ 学习时间不宜太长

在孩子对学习还不太感兴趣时，安排孩子做功课的时间不宜太长。可以把作业分解成几部分，让孩子完成一部分后，适当休息几分钟，活动活动，吃点水果，再做下一部分。每次学习时间短一些，孩子不觉疲劳，效率还高，孩子就不容易对学习厌烦。

◎ 给孩子确立恰当的目标，多让孩子体验成就感

提高孩子的学习兴趣，最重要的是让孩子体验到学习的成就感。一方面给孩子确定"跳起来，够得着"的目标，帮孩子一步一步实现，通过达到目标获得成就感。另一方面，可以通过一些日常的小游戏让孩子体会到学习的乐趣。比如孩子刚学了三角形、正方形等几何知识，那就让孩子找出家里的物品哪些是三角形、正方形、长方形等；孩子刚学了分数，让孩子分分苹果、西瓜等水果，切出 1/2、1/4 等；学了面积公式，让孩子想办法算出自己小床、书桌的面积等，既有趣又让孩子体验到了成就感。

只要家长用心，一定会找出更多孩子感兴趣的问题，利用好这些问题和时机，坚持不断地激发、引导，孩子的学习兴趣自然就形成了。

02
孩子很用功，为什么成绩老是上不去？

情景回放

爸爸妈妈带着小青来到我的面前。小青是个清秀的孩子，腼腆中带

着愁容。

"孩子已经很用功地去读书了,可是成绩怎么老上不去?"妈妈十分焦急。原来,孩子在上小学低年级时,学习成绩一直很好,每次考试都遥遥领先,是老师常挂在嘴边被表扬的孩子。但是到了五、六年级,学习成绩逐渐下降,小青花费了很多时间学习,有时晚上 11 点睡,早上 5 点半就起床了,每天也高兴去上学,但她的成绩却不见起色。爸爸妈妈都看在眼里,急在心上。

关键点分析

好的开始等于成功的一半。态度决定一切。家长首先要知道,好的学习态度是至关重要的。孩子能自觉自愿致力于学习,而且心情愉悦地对待学习,说明这是个很有前途的孩子。

父母认为孩子的成绩不好,不知道这个"不好"是以什么标准来衡量的:是必须考 100 分才是好成绩呢?还是一定要考第一名才是好成绩?还是孩子自身已经对成绩感到满意,而只是父母感到不理想?

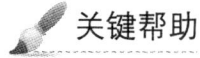 关键帮助

◎ 用功不在时间的长短

用功不在时间长短,还要观察学习效率。不要只看孩子坐在书桌前,而要看他坐在那里究竟在干什么,比如旁边开着手机的话,或者听着歌学习,这些看似是学习时间很长,但是完全没有效率,这种学习完全不可能使成绩有实质性的提升。

◎ 要淡化学习上的功利想法

坚决反对"成绩老是上不去"这种说法。有个孩子才上小学二年

级,家长就跟我说"我家孩子成绩老是上不去"。我就问他:"小学二年级成绩为什么非得上去?"其实家长这种说法会严重伤害孩子,"谁笑到最后谁笑得最好",所以家长应该淡化在孩子学习上的功利想法。学习就是磨炼的过程,成长的过程就是不断犯错误、不断改正的过程,过程比结果更重要。好多家长都希望孩子一开始就能成绩名列前茅,这在潜意识里让孩子有一种"输不起"的心态,只盯在成绩上,而忽略了发展应有的乐趣和爱好,这是非常不好的。

◎ 进步不能贪多求快

家长要看到孩子的进步,比如前一次考第30名,这一次考第29名,这就是进步。要了解小学生的学习特点,对孩子的学习进步不能贪多求快。从1楼到2楼,没有台阶,谁都上不来;有了台阶,有了合理的铺垫,谁都上得来。家长要做的不是逼着孩子从1楼直接跳到2楼,而是帮助孩子做好合理的铺垫,让孩子一步一步地走上来,所以越是起点低,越是要慢慢做好铺垫,不能一口吃成胖子。家长应该反省自己的心态,"孩子成绩老是上不去",家长说这句话本身就是犯了严重的错误,应该狠狠地自我批评。

03
孩子成绩一向很好,突然考砸了怎么办?

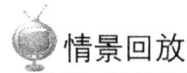
情景回放

六年级女孩小美,在班里一直是名列前茅。期末考试将至,小美信心满满地向妈妈宣称:"我这次一定要拿个全班第一,外加数学满分、英语满分回来,妈妈你等着哦!"妈妈这时就会鼓励地笑笑,回应道:

"小美一定是最棒的!"期末考试的那天风平浪静,小美回家时脸上仍然挂着胜利的笑容,说:"这次数学和英语卷子都好简单,我半小时不到就做完了呢!"

然而,当成绩发下来的时候,小美就像霜打的茄子——蔫了。她信心满满的数学卷子居然只得了92分,英语只有可怜的95分。这在班级里,在老师中间,在小美的家里,都是爆炸性新闻——常胜将军小美居然掉到了班里第10名!

不光小美愁眉苦脸、不敢把卷子给妈妈签字,妈妈在邻居关心的询问下也第一次结结巴巴起来。当小美把卷子交回给老师时,班主任第一次皱着眉头对她说:"怎么下滑得这样快呢?毕业考试就要临近,你可要注意了啊!"

面对老师的不满、同学的不解、家长的怪罪,小美的自尊心受了严重的损害,连学习也没有往常那样带劲了。她很害怕自己一向优秀的成绩会在升学考试这样一个重要的关头滑下来。尽管她也清楚一次考试决定不了她的水平,但她第一次感到如此失落与迷茫……小美该怎么办?

关键点分析

孩子的成绩起伏是非常正常的现象,反倒是成绩一直突出才是非常反常的现象,如果家长要求孩子一直名列前茅,就严重违背了孩子成长的规律。父母应该正确、平和地看待孩子的成绩起伏。

在孩子失利的时候,父母该怎么办?孩子一向优秀,仅是偶尔失误,父母更应该关心孩子,耐心分析原因,切不可让孩子蒙上沉重的心理阴影。

关键帮助

考试的四大意义是:考试是最好的查漏补缺,考试是最好的复习,考试是对一个阶段学习状态的最好反馈，考试是对顽强的心理品质的一次最好磨炼。但是现在家长都不看重考试的这四大意义，只看重分数，分高了就一好遮百丑，分低了就一无是处，家长的态度都是严重偏离考试本质的。

家长首先应该明确一个道理，就是成绩一向很好并不是一个好的现象，也不是一个正常现象，而突然考砸了，其实对孩子的成长是有利的，只要不是中、高考，不是一个决定命运的考试就没问题。

所谓考砸了是说隐藏的问题暴露出来了，这给了孩子一个非常好的进步机会。家长不要因为孩子没考好就愁眉苦脸，给孩子培养一种"输不起"的心态，而应该跟孩子一起面对，正确地引导孩子反思总结，"考砸了"只是个现象，更重要的是说明孩子这个阶段的学习出了问题，找到了问题，也就有了解决的方法。所以在孩子的学习和成长中，类似"考砸了"这样的失败是非常有意义的。

04 孩子学习跟不上，转校或者留级到底好不好？

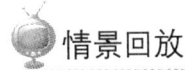
情景回放

小刚今年上小学三年级。以前，父母由于生意忙就没太注意他的学习情况，所以导致孩子学习的基础很差。现在小刚越来越跟不上了，厌倦上学，做作业拖拉磨蹭，不懂也不敢问老师，每天放学被老师留到6点钟，其他小朋友早就吃好晚饭做好家庭作业了，而小刚很晚才回家，每天疲于奔命，睡眠不好，精神也不好，父母无论怎样辅导、鼓励，他都无动于衷。小刚真的吃不消了，父母也灰心了，这种情况是不是该给小刚转校或者留级？

关键点分析

孩子的成长是不可复制的，也是不可从头来过的，父母的忽视使得孩子的问题日积月累越来越多之后，对孩子的不良影响逐渐增大，孩子的心理压力越来越大，解决的难度也相应增加。

一个三年级的孩子每天都背负着如此沉重的精神负担和压力，每天都被老师留下，试想同学们怎么看他？老师怎么看他？他的自信心从何而来？他的笑容从何而来？他又怎么可能有良好的精神状态呢？这恐怕不是留级能够解决的问题；即使留级或者转校，如果根本问题不解决，孩子会很快恢复原来的不良状态。

关键帮助

◎ 成绩不好的智力因素

这种情况只有两种解决办法：第一，家长要抓紧培养孩子的自信心，从点滴进步抓起，哪怕从倒数第一进步到倒数第二，只要孩子通过一步步的努力超越别人，就是难能可贵的，这时要肯定孩子；第二，留级或者转学。

首先要分析孩子学习跟不上的原因，如果确实是孩子的智力有问题，孩子很用功但就是成绩不好，那么留级也未尝不可；如果是学习态度问题或者心理问题，那么转校降级是不能从根本上解决问题的。

对于绝大部分孩子，如果是因为学习成绩留级或转校，对孩子的伤害是很大的。有的家长想要孩子留级，但是孩子坚决不同意。这种情况下，家长应该替孩子想一想，一起玩的小伙伴都升学了，自己留级，孩子怎么面对？而且孩子已经有了固定的圈子，到一个新集体后，孩子融不进去，这会使孩子的压力非常大。所以，保护孩子的自尊心，让孩子的心理不受伤害，比搞好学习更重要，保护了孩子的自尊心，使孩子有了阳光、健康的心态，更能使他们全情投入学习。

◎ 成绩不好的非智力因素

大多数孩子的学习成绩问题其实是非智力因素，智力因素的成分很少。非智力因素更复杂，包括情感、意志力、心态、性格、家庭氛围、学校氛围等，这些都会影响孩子的学习。当所有因素都在起积极作用的时候，孩子的成绩肯定是非常好的。当孩子学习不好的时候，要看看影响学习的各个因素，要认真排查出是哪些因素影响了孩子的学习，而不是简单地说成绩不好是因为孩子不用功，从而对症下药。非智力因素在一个孩子的学习中起到90%的作用，所以家长要重视影响学习的非智力因素，使非智力因素起到积极的作用。

另外，如果孩子是因为在学校的人际关系有问题而不愿意去学校，那么这种情况下留级也解决不了问题，一定要转学。

05 孩子聪明而学有余力，该不该跳级？

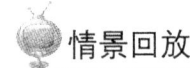 情景回放

小鹏是一个非常聪明的孩子，从小就爱读书看报，什么都爱学，6岁就开始看《三国演义》了，对科普读物也特别感兴趣。上小学后，小鹏在班里一直当班长，学习成绩也根本不用家长操心，一直遥遥领先。

三年级下学期，小鹏的父母考虑孩子学得太轻松了，干脆让孩子跳了一级。在新的班级里，面对一张张陌生的面孔，小鹏感到有些茫然，

一时也很难融进新的班级。由于需要补一年的课程，小鹏看课外书、玩游戏的时间明显减少，体力也有些跟不上。成绩虽然勉强进入前十名，但小鹏的学习已经不再像以前那么得心应手了，小鹏的自信心也受到了影响。看到调皮、快乐的儿子几乎变成了一个"闷葫芦"，家长对孩子的跳级有些后悔了。

关键点分析

孩子是人，不是学习机器。既然是人就应该享受这个年龄段应该享受的童年、童真、童趣，就应该经历这个年龄段应该经历的一些挫折和磨炼。如果让孩子跳过这些经历，虽然学习成绩可能是优秀的，但是因为缺少了太多更重要的东西，反而会使孩子后劲不足。

20世纪90年代各个大学办的少年班现在纷纷停办，并不是因为这些少年班的孩子学习不好，而是这些孩子最后的发展普遍不尽如人意，这正是因为他们缺失了普通孩子那样的童年经历。家长忽视了孩子的心理、身体不协调的因素，一味地"拔苗助长"，导致这些孩子被一路拖着走，一直拖到大学。

并不是说孩子不可以跳级，而是跳级后很少有孩子不受影响。第一，孩子年龄小，自我调节能力差，既要自学新课程，又要适应新的班级生活，太难为孩子了。第二，孩子跳级后，知识明显有断层，成绩只是表面现象，知识的断层是很难弥补的，说不定在孩子成长的某些方面就会表现出来。第三，由于孩子年龄小一岁，思维能力、想象能力、灵活解决问题的能力和体力难免跟不上，这会挫伤孩子学习的积极性。第四，孩子突然由原来的"鸡头"变成了"凤尾"，原来的优势都没有了，孩子会很失落，心理上也很难适应，容易形成孤僻、自卑的性格，甚至导致厌学。

科学实验做错一次，可以再来第二次；教育孩子的大错一旦铸成，损失也许永远无法弥补。所以，对孩子是否跳级的问题，家长一定要慎而又慎，不可盲从。毕竟，"天才"、"神童"是极少数，大多数孩子都是普通人，家长要认清这个现实，对孩子的教育，可以"助长"但不要"拔苗"。

关键帮助

老子说"人法地，地法天，天法道，道法自然"，教育理当顺应孩子身心、智力发展的客观规律。

◎ 顺其自然

让孩子走和其他孩子一样的人生道路吧，不要再重蹈"拔苗助长"的覆辙了。不要让孩子承载家长过高的期望，否则孩子会很累，身心疲惫，幸福指数会大打折扣的。

◎ 发展孩子的兴趣、特长

如果孩子的学习很轻松，家长也不要再给孩子加码了。要让孩子多玩，多和小伙伴们做游戏，多参加一些文体活动。可以根据孩子的兴趣，给孩子报个课外兴趣班，让孩子学学琴棋书画，练练球类技艺，发展孩子的兴趣特长，巩固孩子的自信心。

◎ 增加课外阅读

对学有余力的孩子，家长可以给孩子增加课外阅读，让孩子多接触正式教材以外的知识，如看看发明家、探险家的传记，读读文学名著，学学自然科学知识，练练小手工制作，玩玩智力游戏等。这样既不用跳级，又能开阔孩子的视野，满足孩子的求知欲。

当然，事物都是一分为二的，是否让孩子跳级也不能一概而论。如果你的孩子比别的孩子智商高、身体好、情商高，让孩子跳级也未尝不可。

06
孩子总是被动地学习，如何培养孩子的自学意识?

情景回放

蕾蕾是个六年级的女孩，她是个典型的乖乖女，一切都顺从妈妈的指令，妈妈让她做什么她就去做什么。生活上如此，学习上更是如此。在家里，她严格按照妈妈给她制订的时间表来完成学习任务。

有一次，妈妈生重病住院一个多月，没有办法再像往常一样时刻指导孩子的学习。离开了妈妈的点滴指导，蕾蕾根本不知道什么时候该做什么事情，也不懂得如何提高自己比较差的科目。慢慢地，她的学习成绩出现了很大的退步。

关键点分析

小学阶段是培养学习习惯的关键时期。在这个阶段，孩子们要逐步确立自主学习的意识和愿望，养成自主学习的良好习惯。家长应该帮助孩子逐渐从依赖性学习走向独立性学习，在学习中由被动变主动，变盲目为自觉，有目标、有要求、有计划、有反思、有总结，在自主学习中提高效率，让孩子在自我设计、自我创造的过程中找到更多乐趣。

学习是孩子自己的事，自学意识的培养最能体现孩子的主体作用。自学意识是每个孩子都必须掌握的，需要父母及早培养。

孩子自学意识的养成与父母的家庭教育态度有很大关系。如果父母对孩子过于保护，对孩子的任何事情都亲力亲为，孩子就难以养成独立的性格。所以父母应该放手让孩子自己去学习探索，教会孩子学习的方法和思考的习惯，使孩子具备发展的基本素质。

 关键帮助

家长要明确,孩子的学习态度由被动转向主动,需要一个过程。比如,今天主动学习20分钟,明天主动学习半小时,家长就要看到孩子的进步,如果后天他又回到学习20分钟,家长也不应该指责孩子意志不坚定、说话不算数,这些"帽子"对孩子的伤害很大。孩子在行为上出现反复是非常正常的,只要发现孩子有一点进步,家长就应该表扬,即使出现波动和迂回,也不要谴责孩子,因为这也是孩子进步的过程。

培养孩子的自学意识,可使孩子终身受益,但它并非一朝一夕之事,需要父母用科学的方法、恒久的耐心长期坚持,主要做法包括:

◎ 多用启发的方式来指导孩子

家长千万不要包办代替,不要全权为孩子操持,要鼓励孩子自己进行学习安排,分析自己的学习状况,在生活中也可以经常和孩子探讨,让孩子去感悟、领会、理解、掌握。

◎ 对孩子点滴的进步进行鼓励

对孩子的每一点进步都及时给予表扬和鼓励,使孩子体会到成功感。孩子年龄小,认知能力有限,那就不要对孩子提出过高的要求,以避免孩子产生挫败感,进而产生对学习的厌倦和畏惧情绪。父母绝不能责怪孩子笨拙,更不能呵斥孩子无能。父母及时的肯定和鼓励对培养孩子的自信心非常重要。

◎ 鼓励孩子多跟同伴交流

要教育孩子和同学互帮互学、互相交流、互相启发、共同提高。只有虚心互学,在和同学互相探讨的过程中,孩子的自学意识才会得到进

一步增强，奠定较深厚的功底，而与同学分享学习方法的过程，也有助于孩子人际交往能力和人格魅力的培养。

◎ 陪孩子多去逛书店

要提高孩子的自学意识，一个重要的途径是家长多陪孩子去书店，让孩子自己买书。孩子的自学意识是家长引导出来的，家长只要给孩子创造良好的氛围，引导孩子培养自学意识就可以了。

07
孩子不喜欢学英语，如何帮助孩子?

情景回放

虎子读小学四年级，语文、数学学习成绩都不错，但就是英语成绩拖后腿。妈妈认为应该加强英语学习的强度。暑假里妈妈让他上了个英语语法学习班，此外，妈妈还每天布置20个单词让他背诵，每晚检查。虎子当天背的单词，当天检查还能够认出来，但是第二天就忘得一干二净，而且背了没几天，虎子觉得没意思，索性再也不背了。一个暑假下来，新学期的英语考试中，虎子的英语成绩也没太多长进。虎子妈妈不知所措了：学好英语至少需要多少词汇量？掌握多少词组？多少句型？要不要看语法书呢？英语到底该怎么学？

关键点分析

语言重在语感，中国人一会说话讲的就是中文，就是因为有中文的语感，所以学习英语更重要的也是培养语感。

不少父母和孩子都有个误区，认为学英语无非就是单词和语法。诚然，单词和语法是学习英语很重要的因素，孩子学会一定数量的单词和语法，在学校可以取得不错的考试成绩，但是事实上，孩子却不一定真正掌握这门语言。因为一门语言的学习远远不是单词和语法的堆砌。语言作为一个交流工具，背后蕴藏着博大精深的文化。当然，对于小学生来说不必强求，但是父母要有一个正确的认识，改变对英语学习的片面、狭隘的理解。

家长的另一个误区是，认为只要花钱为孩子报个英语学习班就万事大吉了。殊不知语言学习最重要的是环境，英语学习一个重要的场所是家庭，而不是课堂。其实家长完全可以为孩子创造一个学英语的环境，让孩子在不知不觉中受到这种语言的熏染。

关键帮助

◎ 通过英文电影、电视引发孩子的兴趣

每个孩子都有潜在的语言天赋，他们的语言模仿能力都是很强的。模仿能力强，英语的语感自然增强。孩子具备了这些能力，自然就产生了学习的兴趣。兴趣是最好的老师，有了兴趣，就会产生学习的动力，有了学习的动力，就会激发学习的热情。要为孩子提供模仿的范本，可以多让孩子听一些原版的英文歌曲，多买一些获奥斯卡奖的英文大片给孩子看，比如《乱世佳人》、《阿甘正传》，这些通俗的作品引人深思，观赏性又强，孩子在看的过程中一来能感受情节，二来能感受英语的魅力，找到语感，体会语境。看电视的时候，可以多看中央9台。

◎ 在日常生活中引导孩子运用英语

当孩子具备了一定的基础时，父母还可以把英语学习贯穿于日常生活中。比如，经常看商品外包装上的英语词汇，看到一样东西可以让孩

子想想用英语该怎么说,用英语该怎么翻译等,让孩子学着用英语思考。有条件的家庭还可以多让孩子参加"英语角"之类的活动,锻炼孩子的语言运用能力。当孩子具备了这些能力时,单词和语法自然就掌握了。

◎ 要鼓励孩子开口讲英语

英语不是我们的母语,所以要想学好英语,就要脸皮厚,大胆开口讲,只要开口讲就会越讲越标准。

家长不应该把英语看得过于重要和神圣,以至于忘记了它只是一个交流的工具。让孩子大胆开口讲英语,不要学哑巴英语。家长应该让孩子坚信一点,就是要想学好英语,就要脸皮厚,敢于大胆开口讲英语。很多同学发音都不标准,都不敢开口讲,这时候,谁说得多,谁脸皮厚敢于开口说,谁就进步得快。

要想让孩子敢于开口讲英语,就要在家庭中为孩子创造一个听学英语的环境,比如每天早上在孩子上学前,给孩子播放适合孩子水平的英语儿歌、小故事、经典童话、英语歌曲等,这些资源可以通过多种途径很容易获取。

或许读到这里父母会说,孩子可能压根就没听,不是多此一举吗?没听也不要紧啊,目的就是创造这种语言环境。久而久之,这种语言会潜移默化地带给孩子深刻的影响。这个阶段考验的是父母有没有这个耐力和习惯。父母不要把问题一味推给孩子,而要自问一下,到底为孩子做了多少真正有效的事情。

总之,对语言学习不要指望一时之功,父母要了解语言的学习规律,懂得创造语言环境,培养孩子的学习兴趣,然后在生活中多观察、多练习、多积累,长期坚持才能取得很好的成效。

08 孩子到底该不该学奥数?

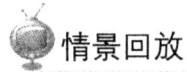 **情景回放**

一位家长留言诉说：

儿子今年上五年级，四年级时学过半年多的奥数，可能是老师讲课方法的原因，儿子学完觉得没什么用处，就停了。现在我们这里有一所名校办的奥数辅导班，为小升初做准备的，听说讲得不错，带孩子去听了两节课，孩子觉得挺难，跟不上。可是朋友的孩子学过的都说应该学，跟初中数学有联系，孩子思维拓展了，效果肯定不一样。我家孩子不是特聪明，现在对奥数很反感。而且现在孩子在学英语、作文、萨克斯、书法（钢笔），时间已经安排得满满的。怎么办？孩子到底该不该学奥数？

关键点分析

近几年社会上关于奥数的争论始终不绝于耳，我们认为对奥数学习是支持还是反对不能一概而论，要因人而异，学有余力而且的确很喜欢奥数的孩子，通过奥数学习可以提高逻辑思维能力，而对奥数学习没有兴趣感觉吃力的孩子则不能强求。

这就要求父母充分认识孩子、了解孩子，在选择学习班的过程中衡量一下：是让孩子优势更优还是弥补劣势？优势更优就是充分发挥孩子的个性特长，将他的优势科目提高，甚至不否认将来孩子有可能在感兴趣的领域做出成绩；弥补劣势也就是遵循"短板理论"——一个木桶盛水量的多少，并不取决于最长的一块木板，而在于最短的一块木板。很多时候家长强调要修补最短的木板才能达到最好的状态，也就是说扬长补短或扬长避短，所以总是费尽周折去补短，到最后还不一定十分满意。那么为什么我们不抓住孩子的闪光点，让它不断地发扬光大、照耀一切呢？这比总是一味地去强行弥补缺陷，到最后仍是心存弥补后的别扭更加美好吧？

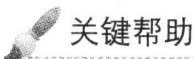 关键帮助

现在全民都在学奥数，但全民都在反对奥数。让孩子学奥数，关键是不要带有功利色彩。我坚决反对"人人学奥数"，也反对对奥数的偏见和抨击。数学是思维的体操，数学的任务是开发思维，使孩子计算准确、思维敏捷、推理严谨，适当接触奥数对孩子的思维开发有利。但是现在奥数成为一种很功利的东西，是一种上名校的台阶，不顾孩子的特点，硬逼着孩子学奥数，这时奥数就成为孩子的负担了。因此，适当学奥数，对孩子有帮助，但是如果变成孩子的负担就不好了。

我认为孩子学奥数最好的时间是小学二年级之后，因为二年级之前学生应该是"多面手"，多享受大自然，多享受童真童趣，多进行语言能力的培养，二年级之后再开始接触简单的奥数。如果接触过早，孩子对数的概念还没有建立起来，会感到压力很大，而且会挤占孩子发展其他兴趣的时间，可能会影响后续的发展。

适合学奥数的孩子有两类：一类是学有余力，学习能力很强，小学课本的内容学起来很轻松，针对这样的孩子，就可以加入一些高难度的奥数培训；另一类是对数学非常敏感、对数学特别有感情的孩子，尽管他们的数学成绩可能并不是很突出，但只要他们对数学问题有着特别的爱好和敏感，对他们从小给予适当的引导，就可能会在数学上大有作为。

09
孩子一写作文就发憷，家长应该如何帮助孩子?

 情景回放

我们先来看斯宾塞先生是如何指导儿子写作的：

一次，小斯宾塞好奇地问我，怎样写作文？我告诉他，从屋后的花园写起吧。他于是很认真地坐在花园里，呆了一个下午，却没有写出几行字来。当我拿起他的本子时，他说："我不知道写什么。"

我告诉他：试试快乐写作的方法，假设你很想把我们屋后的花园告诉给你最喜欢的朋友，并希望他看了以后到这里来玩，你就不会困难了。另外，你已经够熟悉我们的花园了，用不着像画画一样照着写，试试用你的回忆。

小斯宾塞重新开始写作了。这一次，他写得很顺利，把花园里有什么树、什么花、什么时候最好玩，全都写了进去，仿佛不如此写，他的朋友就不知道花园有多美、多有趣。

读完这篇《屋后的花园》时，我深深地被感动了，原来，花园在小斯宾塞的心里完全是一个快乐得如同仙境一样的地方："夏夜，有时天上布满无数星星，我喜欢坐在花园里，静静地看它们，听它们说话。凉风从花园的树叶间吹过，树叶也像在低声细语……"

关键点分析

很多孩子惧怕写作文，特别是刚学写作的小学生，更是一提作文就

头疼，不知如何下笔，也不知应该写些什么。为了提高孩子的写作技巧，家长们可没少费心思，让孩子多看书是最常用的方法。可是，有些孩子每天捧着书看，甚至看个没完没了，可就是作文水平不见提高。

为什么孩子认为作文难写呢？一是孩子年龄小，生活积累素材少，不知道应该写些什么；二是孩子写作经验少，不知道作文应该怎么写；三是知识基础有限、不丰富，语言表达能力欠缺。

作文得法于课内，得益于课外。不要认为提高孩子的作文水平是语文老师的事，家长在时常督促孩子要认真上好语文课的同时，还要像斯宾塞先生那样，给予孩子具体的帮助和指导。

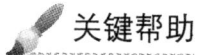 **关键帮助**

◎ 帮助孩子解决写作"目的"问题

让孩子明白为什么要写作，这是最根本的问题，也是很重要的问题。所谓"言为心声"，作文就是写出自己想说的话，将写作与孩子的切实需要结合起来，孩子才会有创作的欲望和冲动。比如，写《春天来了》这篇作文，可以跟孩子说，这虽是老师布置的作业，但写好后可以发给远方的亲戚看看，让他们也分享这里的春天景色，这样，孩子就可以实实在在地感受到写作的"实际效用"，也就愿意写、知道写什么了。

◎ 让孩子放下包袱

不要把写作当成一件非常神圣而又艰巨的事情，写作，就是把看到的东西用文字表达出来，只要写出了眼睛真正看到的、心里真正想到的，语句通顺、语法没错就行了，就可以成为一篇合格的作文。孩子没有了思想负担，写作就变得轻松起来。等孩子读的书多了，作文写得多了，再要求孩子恰当地用一些好词好句，可能就容易多了。

另外，让孩子多读优秀作文选，可以启发孩子的写作意识和写作思路。

◎ 帮助孩子学会选材

作文中所说的"记事"或者"写景"，并不是要把所有看到的或经历的都记下来，而是挑选具有代表性的、最能感染人的东西，因此，如何选材对孩子来说是重点，也是难点，家长可以在这方面与孩子一起探讨、商量，确定描述的范围。比如写《春天来了》这篇作文，可以在带孩子赏景的时候，就与孩子一起讨论什么景色最动人、最能感染人——是树上的绿叶子，还是小草的生长，还是河面的解冻？当然，如果想把这几方面都描述到，也未必不行，只是可能会变成泛泛而谈，每个细节都没描述到位，建议选取其中一两个细节，写得饱满一些，这样作文就会很精彩。

◎ 引导孩子观察生活

孩子生活在社会上，每天会碰到许多人，遇到许多事。这些人和事就是孩子作文的好材料。家长要引导孩子注意留心身边的事物，观察人、观察事、观察景、观察物，这样才能不断得到作文的新鲜材料。比如，孩子通过用心观察春、夏、秋、冬不同的景物，以及不同景物的不同特点，就为具体地描写不同季节的美景积累了丰富的素材，孩子遇到需要描述风景的作文，稍加润色，就可以是篇好作文。

◎ 注意让孩子锻炼口才

平时可与孩子多交谈，让孩子有发言和表达的机会，在对话和辩论中锻炼语言能力。口语运用娴熟了，语言生动了，思维敏捷了，书面作文才会更加精彩。有些家长会带着孩子做"口头作文"，这不失为一种比较好的办法。口述比书写来得便捷，更省时更省力，可以在日常生活中常用，说得多了、顺了，再进入书面写作，就轻松、容易多了。

10
孩子不喜欢看书，如何激发孩子阅读的兴趣？

情景回放

北宋大散文家苏洵的两个孩子苏轼和苏辙，自小十分顽皮，对读书一点也不感兴趣。在多次说服教育不见成效的情况下，苏洵决定改变教育方法。从此，每当孩子玩耍时，他就有意躲在角落里读书，孩子一来，便故意将书"藏"起来。苏轼和苏辙好生奇怪，以为父亲一定瞒着他们看什么好书。两人出于强烈的好奇心，趁父亲不在家时，把书"偷"出并认真地读起来，从此逐渐养成读书的习惯，切切实实感受到了读书的无穷乐趣，终成一代名家。

关键点分析

众所周知，课外阅读对培养和提高孩子的读写能力与思想水平起着重要的作用。它不仅能巩固和扩充孩子在课内所学得的知识，还可以开阔孩子的视野，激发孩子学习更多知识的积极性。更重要的是，为未来培养良好的学习习惯，打下良好的基础。我教过的高中学生，优秀的孩子无一例外都是在广泛的阅读中度过了小学阶段。

可是，孩子为什么不爱读书呢？

一是孩子对父母为他买的书没兴趣，因为家长是从成人的角度为孩子选择读物的，没有充分考虑孩子的年龄特点和个性。二是孩子的课余时间几乎被更有趣味的电视、电脑、电子游戏占满，挤占了专心读书的时间。三是父母对孩子的阅读引导不到位，没有抓住孩子的兴趣和好奇心。四是家长让孩子阅读的功利性太强了，又是让孩子做读书笔记，又是让孩子写心得体会，搞得孩子兴趣全无。

所以，做父母的无论多忙，为了能让孩子爱上读书，一定要想办法多抽出一点时间，像苏洵那样，巧妙地利用孩子的好奇心和求知欲，激发起孩子读书的兴趣，把孩子逐步引导到爱读、乐读的轨道上来。

关键帮助

培养孩子的阅读兴趣越早越好，如果孩子已经上小学了还没养成阅读习惯，那么家长就要多费心了。

◎ 家长自身要爱读书

家长要做个爱书人，给孩子做个好榜样。上小学的孩子模仿性很强，家庭的阅读氛围对孩子阅读兴趣的培养起着至关重要的作用。所以，父母要在茶余饭后，和孩子一起看书、讲书中的趣事。孩子长期处于这种读书的氛围中，想不爱上读书都很难。反之，如果父母在看电视、玩游戏，在这样的氛围中，孩子肯定也不会对阅读产生兴趣。

◎ 多给孩子一些选择权

在为孩子选择阅读材料时，最好带孩子一起到书店，尽量选择孩子感兴趣的书籍，多给孩子一些自主权，家长只是提一些参考意见。特别是对上小学的孩子来讲，正是建立一生的阅读习惯的时期，阅读内容越广泛，越容易激发他对阅读的兴趣。所以家长不要不顾及孩子买"闲书"的愿望，而一味盯着教辅，否则只会抹杀孩子的阅读兴趣。

◎ 利用好电视等媒体

我女儿上小学时，对四大名著中的《水浒传》不感兴趣，买了好长时间她也没翻两页。刚好，电视剧《水浒》开播，我有意识地引导女儿看，孩子很快喜欢上了，不用我说，找出《水浒传》就看，而且看得非常耐心、细致，还和电视剧情比较，哪里改动了，改得好不好。可见，利用好电视、电脑等多种媒体，让孩子先通过画面对某本书引起兴趣，把孩子的好奇心先调动起来，再让孩子阅读这本书，是非常好的一种方法。

◎ 善于捕捉时机

当你带着孩子参观博物馆、科技馆时，当你带着孩子逛公园、郊游时，你有没有发现孩子的问题特别多？这时，先不要忙着给孩子解答，留个悬念，让孩子利用手中的工具书自己寻找答案。多买些类似《儿童百科全书》、《十万个为什么》、《蓝猫淘气三千问》的科普类图书，让孩子带着渴望获得知识的迫切心情，享受阅读的乐趣，才能在阅读中开阔视野，获取更丰富的知识。

从现在开始，尽量寻找一切机会，陪孩子一起享受读书的乐趣吧。

11
家长该不该陪着孩子做作业？

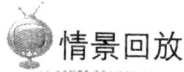
情景回放

丹丹刚上小学一年级，每天带回的"家校联系簿"中都有类似的老师留言："请督促孩子背诵第一单元第一课，会背后签字"、"请帮助孩子巩固10以内的加法"、"请帮助检查孩子第一单元英语单词"，等等。丹丹妈每晚的时间都用于陪她写作业、检查背诵和默写、练习运算了，这让丹丹妈感觉很苦恼。

后来碰到邻居小明的妈妈（小明也刚上一年级，但跟丹丹不是一个学校），两位妈妈相互一交流，才发现在陪孩子写作业问题上还真有同感，都觉得比较累，但小明的妈妈并不是陪孩子写作业，而是鼓励孩子独立完成作业，完成后她会检查，如果没有发现错误就给予奖励。两位妈妈的做法哪种比较合理呢？

关键点分析

家长陪读，一般坚持一段时间后就不用陪了，很多家长越是不能坚持，陪的时间就越长。短期的陪是为了长期的不陪。只要家长认认真真坚持陪读一段时间，孩子一旦养成良好的学习习惯，家长就可以放手了。所以，家长在"陪"的这个阶段就要认真、到位。

小学低年级的学生，特别是刚上小学的"小豆包"，好多习惯没有养成，自我控制能力也比较差，在学校里有老师引导和督促，在家里就只能靠家长了，特别是写作业，孩子会很希望家长陪伴，老师也会对家长提出这种要求。一些家长就会产生困惑：教学工作原本应该是学校老师的责任和义务，孩子入学后就该由老师教孩子如何完成作业、如何消化课堂内学到的知识，为什么要拉着家长陪做作业呢？而老师们的理由是：教学内容比较多，任务比较重，仅靠课堂那点时间根本不够用，如果家庭不予配合，孩子的学习任务可能不会顺利完成，学习习惯也不能得以很好地养成。

"家校共育"是对孩子负责，也是教育规律的基本要求。校方及家长分别应该在教育孩子的工作中承担多少份额，恐怕还真无法界定。但有一点是肯定的：孩子刚入学时，家长多投入一些精力，帮助孩子理解老师的作业要求，督促孩子按时保质保量地完成作业，是很有益的，至少可以在心理上帮助孩子缓解刚入学时的惊慌失措，并且引导孩子养成良好的学习习惯。

陪同孩子写作业，并不是说家长就要大包大揽、越俎代庖，那会使孩子养成依赖家长的习惯，反而不利于他今后的学习。正确的做法是：多引导，多放手，能让孩子独立完成的事情就不要抓住不放，教会孩子合理利用时间、端正作业态度、讲求作业效率。必要时家长要跟老师沟通，听取老师的意见。

由此可以看出，两位妈妈的做法都是可以的，基本符合自己孩子的情况，但这两种做法都比较极端：丹丹妈太过上心，孩子的学习习惯可能培养得较好，但孩子可能对家长还会有依赖；小明妈太过放手，比较轻松，但孩子完全按自己的路子来，学习习惯未必科学合理。如果能将这两种做法折中一下，效果会更理想。

关键帮助

短期来看，为了帮助孩子养成良好的学习习惯，陪孩子做作业无可厚非；但是长期来看，这样的做法肯定是弊大于利，因为孩子能干的事情，家长包办代替，就剥夺了孩子成长和能力培养的权利。

孩子如果能自主学习，就会把学习当成享受；如果长期在家长的陪伴下学习，就无法进入自主学习的状态，也就没有享受和乐趣而言。

短期地陪孩子做作业是为了长期的不陪，当家长这样界定自己行为的时候，就会多了一些智慧，而不只是陪伴。

◎ 初期需要家长的陪伴和扶助

家长可以而且完全有必要把孩子"扶上马，再送一程"。孩子刚入学，家长需要投入一些精力，多给孩子一些援手。小学一、二年级是打基础的时候，一方面是学习习惯的养成，另一方面是学习基本功的训练，这两方面都需要家长参与，仅靠在校时间肯定不够。依现在的课程设置，如果家长不跟进，孩子的底子很难打好。如果一年级基础没打好，没有养成一个好习惯，以后会越来越累。所以，孩子刚入学时，家长应该多给孩子一些关注，特别是晚上，可以多陪陪孩子。

◎ 重在学习习惯的养成

要从一开始就培养孩子的独立意识，帮助而不是代替。即使是在孩子刚入学的最初阶段，家长也不要完全介入，作业要先让孩子自己理解，实在理解不了的，家长再帮着解释。英语和语文的朗读和背诵，可以借助磁带，让孩子学会自己放、自己听、自己跟读。数学计算训练，家长只帮着掐表计时和做完后批改即可。家长要有意识地帮孩子合理安排写作业的时间，帮助孩子认识和掌握完成各科作业的流程和技巧，还要注意端正孩子的写字姿势等。这些方面做好了，比帮助孩子写作业本身意义要深远。当孩子明白写作业的一般规律和方法后，良好的学习习惯就养成了，以后家长就可以慢慢放手了，这就叫"授之以鱼，不如授之以渔"。

◎ 将部分问题跟同学讨论或留给老师

跟同学讨论问题是一个非常好的学习习惯，在很大程度上能增加同学间的感情交流，从某种意义上说，跟同学之间的交流甚至比问老师更重要。所以家长应该鼓励孩子多跟同学讨论问题。

另外，孩子做作业遇到问题时，如果家长帮了孩子，老师就无法了解这个孩子的认知水平和对知识的掌握程度，下一步教学就会比较盲目。"这种做法是有道理的，孩子不会做作业，可能是课上没听懂，也可能是认知能力有问题，家长也可以试着让孩子暂时把作业放着，第二天求助于老师，相信老师会给予适当帮助，这样也可迫使孩子在以后的学习中注意课堂听讲，力求理解知识难点。当然，家长可适当帮助孩子弥补一下课堂上的欠缺，毕竟现在学校普遍存在"学生多、课业重"的问题，老师可能无法顾及每一个孩子，"补课"的任务就自然而然地落在家长的肩上。

12 家长该不该帮孩子检查作业？

小学老师一般会要求家长帮孩子检查作业，家长们也有自己的难处和困惑，担心孩子会养成依赖的习惯，应该如何做效果才更好呢？

情景回放

王女士的儿子今年刚上小学一年级，按照老师的要求，王女士每天晚上都要帮孩子检查作业，因为老师要求孩子第二天交上去的作业基本都是对的，家长只能帮助孩子检查。

有一次王女士出差了，孩子的爸爸没帮儿子检查作业。结果第二天老师就打电话问，孩子的作业错了不少，家长为什么没帮孩子检查作业？老师还特别提醒家长，帮孩子检查作业，不单是看有没有完成，还要看对错，作业做对了，孩子可以得小红花。

王女士想培养儿子自己检查作业，可孩子有时检查不出来，就得不到小红花，这样下去会影响孩子学习的兴趣和自信。但是，孩子的作业，如果在家都让家长"改正"了，那老师怎么知道孩子哪方面没掌握呢？做家长的，到底该不该帮孩子检查作业？如何检查比较好呢？

关键点分析

家长不要把帮孩子检查作业当成负担，因为家长正好可以利用这个机会表扬孩子。当家长用欣赏而不是挑剔的眼光去检查孩子的作业时，能发现很多亮点，抓住这个亮点去表扬和鼓励孩子，让孩子有成就感，这样孩子和家长都会把检查作业当成一件快乐的事，而不是负担。

刚上小学的孩子，还没学会应该如何检查作业，家长配合检查孩子作业就是十分必要的：一是检查孩子的学习态度，看孩子作业的书写是否认真、规范；二是检查孩子对知识的掌握情况，及时查漏补缺。

小学低年级是培养学习习惯的最佳时期，家长要舍得投入时间、精力，利用帮孩子检查作业这种方式，督促孩子养成认真、独立、按时完成作业的良好学习习惯，教会孩子检查作业的方法。当孩子把好的学习方法转化为自觉的行为习惯时，就不需要家长再辛苦地陪伴检查了。

但是，家长帮孩子检查作业，并不是要帮孩子把错题改正过来，改正错误是孩子自己的事情，家长是不应该代劳的，否则会造成孩子的懒惰、依赖心理。家长的责任是引导孩子自己发现并改正错误，虽然这个阶段需要花更多的时间，但为了孩子好习惯的养成，还是非常值得的。

关键帮助

家长帮助孩子检查作业，要注意以下几点：

◎ 不要一边做一边检查

有的家长习惯陪着孩子做作业，孩子一边做家长一边检查，发现错误就告诉孩子错了，让孩子改正。这样做不利于孩子独立、专心完成作业，容易造成孩子的依赖心理，也达不到孩子自己检查出错误的目的。所以，要让孩子在规定时间内完成作业后，家长再和孩子一起检查。

◎ 给孩子留足够的时间

这里的时间包含两段：孩子做作业的时间和孩子自己检查作业的时间。让孩子在规定的时间内完成作业，能避免孩子磨蹭拖拉的现象。刚开始时，留给孩子的时间要适当长一些，比如估计10分钟的作业量，可以给孩子 30 分钟,以免时间过于紧张,孩子马马虎虎、匆匆了事。等孩子养成习惯了,再适当提高速度。

另外,孩子完成作业后,要给孩子留出自己检查作业的时间,如果孩子自己能检查出错误并改正,家长要及时鼓励、表扬孩子。

◎ 检查孩子的学习态度

刚上小学的孩子,好的学习习惯还未形成,家长的检查督促就非常重要。首先检查孩子书写是否认真、规范,字迹是否端正,是否全部完成了老师安排的作业。由于低年级的孩子作业不多,还有时间重做书写不规范的部分题目,所以家长要利用好这个阶段,通过检查作业帮助孩子养成认真完成作业的好习惯。

◎ 要有一个培养的过程

检查作业不是找缺点,而是先找亮点,然后再巧妙地指出缺点,这样孩子是非常容易接受的,同时可以逐渐帮助孩子培养检查的习惯和信心。家长要注意慢慢过渡,由开始的以家长为主,到后来的以孩子为主。等孩子学会检查方法后,家长只告诉孩子有几处错误就可以了,要让孩子自己去检查发现错误。当孩子养成自己检查作业的习惯时,家长就可以松口气了。

◎ 注意查漏补缺

在检查孩子的作业时,家长还有一个很重要的任务,就是帮助孩子分析错题原因,查找知识缺陷。是概念不清,还是审题不细心,还是知识掌握不牢?家长要及时给孩子耐心讲解,弥补知识缺陷,然后出一两道相似的题目让孩子练习,强化所学知识。

只要家长多费心,相信孩子一定会养成良好的检查习惯的。

13
孩子做作业太慢，家长该如何帮孩子改进？

情景回放

张女士的女儿上小学了。开学后不久，张女士发现女儿在家抄生字很慢。张女士是个有心人，她特别耐心地在旁边观察、揣摩女儿为什么写字慢，结果发现女儿大约用10秒钟写一个字，速度并不算慢。可女儿写完一个字后并不急于写下一个字，而是停顿大约10秒钟后再写下一个字。

原来女儿写字慢的秘密在这里。张女士把分析结果告诉女儿：写字慢的原因是字与字之间停顿的时间太长了，要想提高做作业的速度，就必须减少停顿的时间。

开始，女儿很不习惯，张女士就给女儿规定：两个字的停顿间隔不超过5秒，写满一页可以休息5分钟，喝水、玩一会都可以。如果停顿时间更少，节省下来的时间加在休息时间里。女儿很乐意配合，为了玩的时间能长一些，字与字之间的停顿间隔越来越短，到后来练得几乎不用停顿而连续写字了。自然，女儿做作业慢的问题也迎刃而解了。

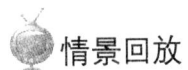 关键点分析

先要分清是孩子真的慢，还是家长认为孩子慢，家长不要用自己的标准去衡量孩子。

造成孩子写作业真的比较慢的原因有多种。一是孩子小还不太懂得

写作业的意义，有的孩子甚至认为作业是给家长和老师做的，所以回家后先尽情玩，把作业拖到很晚才做。二是有的孩子注意力不能集中，极易受外界的干扰，或者边写作业边玩。三是有的孩子对老师所讲的内容不太理解，写作业时很吃力甚至不会做。四是有的孩子偏科，对不喜欢学的学科作业不爱动脑筋，故意磨蹭。五是有的孩子怕家长安排其他任务，有意拖延完成作业的时间。

张女士很懂得孩子的心理，她用的方法是把女儿磨蹭的时间集中起来让她玩，而不是训斥、催促，女儿当然容易接受并配合了。

关键帮助

家长详细了解、分析孩子写作业慢的原因后，就要对孩子进行有针对性的纠正，就像案例中的张女士那样有的放矢。具体参考方法如下：

◎ 控制孩子作业的时间

根据孩子的具体作业量和内容，适当控制孩子写作业的时间，只要孩子在规定时间里保质保量地完成作业，家长就可以适当奖励孩子多玩、做自己喜欢的事。刚开始的时候可以放宽要求，并及时给予称赞、鼓励，以后逐渐缩短做作业的时间。

◎ 帮孩子分解作业内容

上小学的孩子集中注意力的时间还是短暂的，面对总也做不完的作业，孩子可能选择拖拉来逃避。家长可以帮孩子把作业内容化整为零，分割成几部分。由于每部分的内容少，孩子做起来会感觉有个盼头，精力就能高度集中，做作业的速度就会明显提高。

◎ 排除一切干扰

孩子做作业时，家长要尽量为孩子创造一个安静的学习环境。在孩子学习的过程中，家长最好不要看电视，做家务的声音也不要太大。孩子也要清除与作业无关的物品，不能做小动作、吃东西等，这样孩子才能专心完成作业，提高学习效率。

◎ 帮助孩子掌握课堂内容

对因为基础差做作业慢的孩子，家长先要有计划地帮助孩子把前面遗漏的知识补上，再根据孩子的学习进度，把具体的解题思路、方法及时教给孩子，这样孩子才能顺利完成作业，提高作业速度。

提高孩子做作业的速度，绝不是一朝一夕就能做到的，家长要有耐心，督促孩子坚持到底，才会收到良好的效果。

14 假期让孩子提前学新课，有必要吗？

学校在放假前就发了下学期的新教材，让学生在假期里提前学习。有些家长担心孩子在假期里学习了，开学后课堂学习效果就不好了。这种担心有没有道理呢？

情景回放

小华四年级刚放寒假的时候，带回两本下学期的课本，一本语文，一本数学。老师发下来的假期作业条上要求，预习第一单元语文和数学，特别是要查生字、组词，做课本上的数学练习题。妈妈认为老师布置这项作业是推卸责任，学校的工作为什么要推到家里来呢？是让孩子自学，还是由家长教呢？在假期里预习了，开学后孩子还会认真学吗？要不要送孩子去培训学校补习班，学习下学期的新课呢？

在这样的思想指导下，妈妈没有督促小华认真预习，结果开学后别的孩子都很快进入了学习状态，接受新知识很顺利，只有小华天天为作业犯愁，明显感觉学习吃力，这与假期没有预习有关吗？

关键点分析

假期确实是用来让学生休息的，但是实际上又有多少孩子可以在假期里得到真正意义上的休息？现在升学压力那么大，很少有家长能够超脱，他们大多会"珍惜"假期时间，送孩子去上各种补习班。与其这样，还不如用基本的课本来填补假期的空闲。学校在放假前发放下学期的课本，是为了让孩子们在假期里抽出一点时间，看看下学期都有哪些知识等着他们去探究和掌握，再抽出一点时间，看看自己能够看懂多少，能够找到多少背景资料，这是符合教学规律的做法。

"家校共育"不是一句空话。家长不能在孩子学习方面无所作为，一味指望学校是家长在推脱责任。在假期里帮助孩子做好"前参"，开学时孩子才不至于像小华那样，被动地跟老师走，作业都得拖到很晚才完成。

那么，是应该直接教授孩子知识，还是应该让孩子掌握学习的技能、提高学习能力？毫无疑问，最佳的教育境界当然是后者。因此，提前学习的主动权应该给孩子。小华的妈妈大可不必伤脑筋，要相信自己的孩子，让孩子自己学吧，能预习多少就学多少，没弄懂的，开学后再听老师讲课也不迟，不到万不得已，可以不考虑上补习班的事。

关键帮助

分清情况，如果孩子前一段时间的学习不是很扎实，还有一些困难，假期的主要任务就是查漏补缺，把前面的知识巩固住，把前面的问题解决好，为未来的学习做好充分的准备。而那些对之前的知识掌握得很牢固的孩子，可以在假期了解一下下学期学习的内容，掌握一些重要的知识点，重在展望，把握整体，做到心中有数。提前学习重在培养学习的兴趣，要目标明确，重点突出，而不是按部就班地机械学习。对于那些学得特别好的学生，提前学习新课也不一定能满足他们对知识的需求。所以对这些孩子来说，如果只是在进度上往前赶意义不大，最好能在深度上拓展，向竞赛的水平发展，这也能为中学的学习奠定基础。

如果孩子提前学习新课，家长应该注意做到以下几点：

◎ 教会孩子预习的重点

家长可以给予孩子一定的辅导和帮助，特别是低年级的孩子，自学意识还不太强，家长可以伸把手，教会他们预习的方法和技巧。重要的是把握新课本的大概内容，特别是重点和难点，让孩子明白预习是要做怎样的工作。孩子拿到新书，都会迫不及待地浏览一遍，家长可以与孩子一起浏览，用积极的语言引导孩子增强学习兴趣，浏览时提示孩子书里哪些是重点、哪些是难点、哪些比较容易掌握。

◎ 让学习变得轻松有趣

要让孩子在玩中学，在学中玩。提前学课本并不是一定要让孩子板起脸，拿过课本、作业本、草稿纸，一本正经地坐在课桌前，目不斜视，心无杂念地"念经"。现在的小学课本编得非常"儿童化"——难易结合，张弛有度，插图逼真，讲解通俗。比如"认识小数"及"小数加减法"，编得挺实用，在家学习时，与现实生活结合起来，会更轻松愉快、直观生动。购物小票家家都有吧？拿出一张来，就成了孩子学习的玩具，"认识小数"、"计算小数"就完全变成了游戏，学习还难，还枯燥吗？最成功的教育，是把课堂变成游乐场；最成功的学习，是把过程变成玩乐；最成功的玩耍，是把游戏变成求知；最成功的家长，是让孩子在实践中找到学习的乐趣。

◎ 增强孩子的自学意识

大概从四年级开始，孩子有了一定的自学意识，而且形象观察能力尤其惊人，这方面的内容完全可以交给孩子自学，就算抽象思维能力还没有完全形成，理解方面存在一些障碍，家长也可以找出一些章节让孩子自己去看、去琢磨、去学习，家长只需稍加观察和辅助，就会有事半功倍的效果。让孩子真正会学习，是让他们受益一生的事。

15
孩子学了后面忘了前面，怎样提高记忆效果?

 情景回放

小楠是个很懂事的女孩，在家很听话，也很有礼貌；在学校里人缘很好，懂道理、很活泼，老师同学都喜欢她。可是，小楠的学习成绩一直不理想，平时小考还能考个80分左右，但一到期中、期末的综合考试，小楠的成绩就下来了，有时还会不及格。

小楠的父母和老师都很着急，常常一起为小楠"会诊"。细心的老师发现，问题可能出在小楠的记忆力上。小楠在课堂上表现很好，回答问题积极，作业也完成得不错。可第二天上课，同样的问题小楠竟然记不清楚了。也就是说，小楠的短期记忆没问题，可是对所学的知识，过一段时间就忘了。单元测试的内容少，小楠通过考前突击复习，效果还行、可遇到大考就不行了，小楠忘得知识太多了，根本复习不过来，这就出现了小考成绩还行，大考成绩下降的现象。

小楠的智力并没有问题呀，怎么办呢？

关键点分析

记性差，确实是孩子学习的大敌。有的孩子就是因为遗忘得太快，知识"串联"不起来，才影响了学习热情和学习成绩的。

心理学研究表明，记忆可分为三个阶段：编码阶段、短期记忆阶段、长期记忆阶段。知识信息首先经过主动注意进行编码，才会得到保存进入短期记忆阶段，在短期记忆消失前，通过继续加以练习、强化，才能转化为长期记忆。

可见，孩子的记性差，并不一定是脑子比别人笨，而是在记忆的三个阶段中某一阶段没有处理好。案例中的小楠，就是因为在记忆的第二个阶段后，没有及时把知识信息通过反复练习强化，从而很快地遗忘而没有进入第三个阶段的。家长应该通过了解孩子的记忆特点，尽快帮助孩子完善记忆的这三个阶段，孩子的记忆力就有可能迅速提高。

关键帮助

怎样培养孩子良好的记忆，让所学的知识牢牢地扎根在头脑中呢？

◎ 让孩子了解自己的记忆特点

记得快，忘得也快，并不是孩子比别人笨。家长要告诉孩子，遗忘是正常的，不要有心理负担，从而增强孩子记忆的信心。

日本一些心理学家认为：记忆的培养在于有"我能记住"的信心，有了这种信心，精神高涨，心情舒畅，对所学的知识也就有了记忆的热情。家长不妨多鼓励孩子树立起信心，坚信自己"一定能记住"！

◎ 训练孩子集中注意力

编码总是从注意开始的，在家里，家长可以从身边的事情入手，训练孩子的集中注意力。一心不能二用,让孩子逐渐养成专心做事的好习惯,指导孩子把注意力全部放在要记的问题上,尽量排除或减少外界的干扰。孩子注意力集中了,编码正确,就会很容易进入长期记忆阶段。

◎ 督促孩子反复强化所学知识

对孩子来说,短期记忆在学校里已经完成,家长要做的就是督促孩子对刚学过的知识,趁热打铁,及时温习巩固,反反复复地刺激大脑神经,强化记忆痕迹,促使其形成长久的记忆。提醒孩子对所学过的知识,经常翻翻看看,不断尝试回忆,使学习的重点、难点记得更牢。

家长要注意帮孩子找出一天中最佳的记忆时间和记忆方法,是早上、中午还是晚上好?是大声背诵、默读还是用笔写下来好?不同的孩子是不一样的。最好让孩子在最佳记忆时间里用最佳的记忆方法强化知识,这样可以提高效率,节省时间。

◎ 在理解的基础上记忆

在理解的基础上记忆,不仅记得快、记得牢,而且还能够举一反三,灵活运用。而且,学习不等于记忆,好多问题不需要记忆,只需要熟能生巧。

家长还可以用多种方式帮助孩子理解和记忆。比如,根据小学生的特点和具体的学习内容,灵活采用视听结合、图表、卡片、歌谣、口诀等方法来强化记忆,提高记忆效率。

16
孩子在考试中总出小错误,家长该怎么办?

常有家长说自己的孩子"大错不犯,小错不断",做作业或考试时总会出点小错误，而且是在很简单、很基本的题目上"翻了船"，能不令人"光火"吗？哪个家长不希望自己的孩子在考试中取得满分呢？孩子总出这些小错误说明了什么？可不可以原谅？怎样避免呢？

情景回放

童童是个四年级的学生，生性乖巧，做事认真，学习也很用功，老师、家长和亲戚都很喜欢她。但她有个可能算不上缺点的缺点，那就是考试时总会出点小错误，总是拿不到满分，等试卷发下来后，她看到自己丢分的地方只是因为粗心导致出错，就会很伤心，往往会哭一通鼻子。童童的妈妈是个急脾气的人，每次都会训斥她一番，希望她下回注意，但下回又出现这种情况，到底怎样才能帮童童改掉这个毛病呢？

关键点分析

出错是每个孩子的共性，没有不出错的孩子，问题往往出在家长的认识上，似乎孩子就不能出现错误，这是严重违背孩子成长规律的，所以这种要求越苛刻，对孩子的伤害就越大。

家长要正确对待孩子的小错误。出现小错误是所有学生共同的特点，家长千万不能把这个问题当成孩子独有的缺点，更不应该谴责孩子。家长首先应该明确，孩子犯小错误是非常正常的，家长能做到的是引导孩子通过小错误发现问题，在今后少犯小错误。

◎ 让认真成为一种习惯

平时学习时，注意对知识点的牢固掌握，写作业时注意力集中，心情不要浮躁，作业力求答一道对一道，养成答后检查的习惯，及时改正发现的错漏。如果孩子忽视检查，最后家长发现作业有错的，可以给孩子一定的惩罚。另外，还要让孩子养成仔细观察和认真推敲的习惯，如分辨词形相近的英文单词、区分意义相近的数学概念、区别汉字中的近体字等，只有当认真成为习惯，考试时才不会掉进出题人的"陷阱"，才不至于总在事后后悔。

◎ 正确看待考试

家长的正确做法应该是考试后多帮助孩子分析，考前不要不断提示，尤其不要考前唠叨、考后算账。因为孩子遇到考试自己就很紧张，家长不应该再去唠叨，加重这种紧张情绪。考试之后，如果孩子考得好，要祝贺孩子，让孩子感到有一种收获和成就感；如果考得不好，要鼓励孩子，帮孩子分析，让孩子坚定信心和目标，更清醒更顽强。

◎ 帮助孩子多做眼、手、心的统合练习

很多家长把孩子出小错误归结为马虎，其实瞪大眼把题做错，不是马虎，是计算能力不过关，是因为基础知识和技能不过关，是要通过训练来实现的。之所以说学习，特别是学数学需要动手练习就是这个原因。

现在有些教育机构也有这样的训练，如果孩子确实在这方面有欠缺，不妨带着孩子去接受这样的训练，对克服出错的毛病会有好处。家长也可以在家帮孩子做这样的练习，比如看图说话、听写练习等，还可以让孩子做一些需要耐心和细心的事情，如写毛笔字、缝纽扣、串珠子等，都可锻炼孩子眼、手、心的协调能力。

◎ 要注意在生活中培养孩子条理、有序的好习惯

可以让孩子做一些简单的家务，锻炼孩子的责任心和秩序感。日常生活中做事不敷衍了事，做作业和考试时才不会粗心大意，才不会漫不

经心。很难想象一个万事不放心上，做事丢三落四、拖拖拉拉的孩子能在考试中取得好的成绩。

17
孩子一到考试就紧张，家长如何疏导？

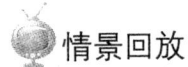 情景回放

小苗今年上四年级了。她的学习一直是很让家长和老师放心的，学习积极性高、自觉、认真，成绩一直排在班里前五名。上学期期中考试时，因为数学考试失误，她的总分排名受到了影响，小苗下决心等期末考试时一定赶上。

没想到，越想考好越考不好，期末考试时小苗的数学又没考好。这下妈妈不高兴了："你是不是没学好啊？"爸爸的脸色也不怎么好看。

其实，小苗的数学学得很好，而且做练习的时候，几乎没有什么题目可以难倒她。可连续两次考试失误给小苗的打击太大了，她对自己都产生了怀疑。这个学期又快到期中考试了，小苗想多做一些数学题目，没想到那些平时自己做过的题目也变得陌生了，越着急越做不出来。在这样的心理状态下，小苗的考试成绩就可想而知了。

现在，小苗特别害怕数学考试，一听到考试两个字就紧张，头脑一片空白，明明会做的题目，却怎么也想不起来，小苗变得越来越急躁，对自己的数学学习几乎失去了信心。

关键点分析

考试紧张，其实很正常，不仅小学生会这样，大人也一样。都说考

试要有一颗平常心,这句话很多人都会说,但是做起来很难。如何帮孩子消除紧张,减少压力,也是现在不少家长的烦恼。

案例中的小苗是一个对自己要求很高的孩子,因为学习成绩好,老师和父母都给予了很高的期望,而她自己恰恰把这种期望内化成一种压力了。结果因为一次的失误没考好,造成每次数学考试,她都担心会考不好,而这种担心让小苗变得紧张而急躁。

究其原因,引起孩子考试紧张的因素有如下几方面:

◎ 心理负担过重

由于家长过分注重孩子的考试成绩,平时给孩子的压力太大,期望值太高,致使孩子也把成绩看得过重,害怕考不好影响自己在家人、老师和同学眼中的形象,想获得好成绩的动机过强,结果使自己很紧张。

◎ 家长过于严厉

有的家长对孩子的教育方式不当,过于粗暴严厉,孩子考试成绩稍不理想,就会遭到父母的训斥、责罚。孩子心中惧怕,精神高度紧张,容易产生焦虑。

◎ 知识储备不足

孩子对所学的知识掌握多少、是否牢固,在一定程度上也影响着孩子对考试的态度。如果对知识掌握得不全面、扎实,对考试的内容心中无数,孩子就会惧怕考试。

关键帮助

要消除孩子的紧张和压力,必须打开孩子的考试心结,家长对待考试的正确态度是:降低目标,明确目标,考前淡化,考后分析。

◎ 考前减压

孩子考试前，家长不要表现得过分重视，最好和平常一样。可以让孩子听听相声、看看小品、打打球、和小伙伴做做游戏，放松放松心情。父母要多关注孩子积极的一面，不要老提醒孩子还有哪些方面做得不好，也不要刺激和伤害孩子的自尊心，而是让孩子有信心面对考试。家长对孩子的考试有一颗平常心，孩子才会用一颗平常心来对待考试。

◎ 淡化成绩

平时，家长要多注意孩子学习能力的培养，不要过分强调学习成绩。孩子每次考完试后，家长不要光问孩子考了多少分，而是要冷静地帮助孩子分析做错题目的原因，以防止下次再犯相同的错误。要把重点放在查漏补缺、反馈矫正上，而不要过分关注考试成绩。可以让孩子把平时的作业当考试，而把考试当成作业。

◎ 注重积累

知识是靠平时的点点滴滴积累起来的，临时抱佛脚，势必造成考试时紧张。所以，家长要督促孩子注重平时的知识积累，让孩子一步一个脚印地学习，扎实、牢固地掌握各个知识点。及时复习，对考试内容做到心中有数，也是增强信心、降低考试焦虑最切实的办法。

◎ 改变教育方式

帮助孩子树立自信、养成良好的学习习惯才是最重要的。家长最好不要针对孩子的考试成绩设立奖惩，否则只会增加孩子对考试的恐惧感。可以让孩子学会积极的自我暗示："考试有什么？我不怕！""我一定能考好！"如果在孩子考试失利时不是严厉批评，而是引导孩子放松心情，树立信心，孩子也就不会考试紧张了。

18
该不该给孩子报课外班？报什么班合适？

 情景回放

重庆有个9岁的小男孩，在市里举行的"小学生限时命题作文比赛"中交了白卷。

这个小男孩太有个性了。比赛开始近半小时，在现场巡视的老师发现，他在课桌旁坐得端端正正，可卷子上却一个字都没写。老师感到奇怪，于是问他："你坐得好好的，怎么一个字都没写呢？""我本来就不喜欢作文，是妈妈给我报的名，我不写！"面对老师的询问，这名孩子理直气壮地说道。"来都来了，能写多少就写多少吧，好不好？"见孩子如此有性格，巡视老师轻声劝道。孩子摇了摇头，还是不写。

孩子的行为也引起了其他老师的注意，于是老师们轮番上前劝说。但无论老师如何劝说，孩子都坚持己见：绝对不写一个字。"妈妈知道了，你会挨批评的哟！"有老师"威胁"道。"我不怕，我出去了就跟妈妈说。"孩子倒是蛮坦白。

就这样，这个男孩规规矩矩地在赛场坐满了1个小时，最后交了张白卷。

"唉，这孩子就是不喜欢语文，逼都逼不出来。"孩子的妈妈说。正是因为孩子不喜欢写作，孩子的妈妈才费心给孩子选择了作文班，还为孩子报名参加这次作文比赛，希望能激发出孩子的潜力。没想到，不但没效果，孩子还越来越逆反，竟然交了白卷。

关键点分析

近几年来，社会上名目繁多的课外班遍地开花，令家长们眼花缭乱。每到周末，孩子们依然忙碌，在不同的地点，上着各种不同的辅导班、兴趣班。家长们也不轻松，早早地把孩子从睡梦中叫醒，匆匆催促孩子吃饭，然后带着孩子在各个兴趣班、辅导班之间奔波。

谁不想周末好好休息啊？孩子想，家长也想。但现在竞争这么激烈，好一点的小学都要考试才能入学，更不用说中考、高考了。家长也知道孩子太累，每天要学习十几个小时，没有玩耍的时间，也没有了自己的快乐，这对孩子来说实在太不公平了。但别人的孩子都在参加各种学习班，自己的孩子不上学习班，落后了怎么办？没办法，上吧。

无奈的家长，只好给孩子选择各种辅导班。说实话，利用业余时间，给孩子报个班也不错，关键要看是不是孩子真正需要的、真正喜欢的。如果像案例中的孩子那样，因为妈妈给报了作文班，他更讨厌作文了，甚至用交白卷来抗议，那家长的心思不是白费了吗？

看来，想通过辅导班帮孩子提高成绩，并不是一条很好的途径。更有甚者，孩子该学的没学好，倒把别的孩子的坏毛病学了不少。因此，给孩子报班不能盲目攀比、跟风，家长必须慎重。

关键帮助

给孩子报班要有前瞻性，不要盲目，报班要有目的性，不要攀比。如果孩子学有余力，可以考虑给孩子报班，但应注意如下几点：

◎ 事先充分考察

如果决定给孩子报个班，家长不要只看课外班的名称和宣传材料，一定要到实地考察，看看孩子的学习环境、教师的教学方法和教学水平是否适合自己的孩子。也可以咨询相关的家庭教育机构和已经在班里上学的孩子家长，了解更多的信息，以免耽误了自己的孩子。

◎ 报班要少而精

有的家长望子成龙心切，恨不得各种班都让孩子参加。但是，孩子的精力是有限的，家长给孩子报班不能贪多，最好只报一个班，尽量别超过两个。否则，孩子由于学习时间长，压力大，缺少体育锻炼和与小伙伴玩耍的时间，很容易患上心理疾病，到那时再后悔就晚了。

◎ 兴趣、特点兼顾

给孩子选择报什么班，既要考虑孩子的兴趣，又要考虑孩子的性格特点，不能全凭孩子的兴趣。因为上小学的孩子，年龄小，自制力差，兴趣也不长久，如果一味地迁就孩子，会造成孩子更难管的尴尬局面。比如，孩子本身非常活泼好动，听课没耐心，家长给孩子报了舞蹈班，周末在舞蹈班里蹦蹦跳跳地练习，周一开学孩子还能坐得住吗？更不用说专心听课了。对这样的孩子，可以让他练练书法，学学绘画、下棋等，让孩子慢慢练习稳得住、耐心细致，这样做事情才能专心。

19

孩子为什么厌学？该如何帮孩子克服这种情绪？

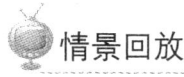 情景回放

一个朋友给我打电话说，她正上三年级的儿子拒绝上学，原因是孩子的数学成绩很差，而数学老师又脾气火暴，经常当着全班人批评他，让他觉得很没面子，所以他不想去上学。

无论家人怎么也劝，也没有说服孩子。于是朋友打电话给我。

我让朋友带儿子来了。我耐心地倾听孩子不想上学的理由，孩子跟我详细说了一遍老师是如何训斥他的。等孩子发泄完后，我对孩子说："我很理解你的感受，数学成绩不好，这是你自己的问题。老师不应该发脾气，更不该当着全班同学的面训斥你，这是老师的不对，你不必因此而自责……"

说了不到十分钟，孩子很痛快地表示："我去上学。"

关键点分析

孩子不想上学，家长着急，是很容易理解的，家长往往把厌学的责任全部推到孩子身上，因为老师无论做什么都是为了孩子好。结果孩子会认为父母都向着老师说话，对父母的劝解更难以接受。

的确，老师是为了孩子好，但方法不一定能让孩子接受。像案例中的数学老师，他为孩子学不好数学而着急的心情是可以理解的，可他用当众训斥的方法给孩子施加压力，从而逼他努力学习的做法，只会严重伤害孩子的自尊心，最终让孩子产生强烈的厌学情绪。而家长只知道一味地指责孩子，让孩子觉得自己不被理解，于是变得更固执己见。

父母应当根据自己孩子的实际情况，分析造成孩子厌学的根源，以便对症下药，有的放矢。孩子厌学的原因可能有如下几个方面：

◎ 学习负担过重

这往往是孩子厌学的一个重要原因。望子成龙心切的家长，为了使自己的孩子能进重点学校，让孩子除了完成老师布置的作业外，还要做大量课外题，周末孩子还要上辅导班，搞得孩子的身心整天处于疲惫状态，造成孩子对学习的厌烦心理。

◎ 学习困难

有些孩子不肯上学是源于有学习障碍。这些孩子在课堂上对老师的讲课内容理解不了甚至听不懂，对老师安排的作业很难完成，对学习感到力不从心，久而久之，就会对学习失去信心，自然抗拒学习。

◎ 人际关系差

有的孩子不能接受老师的批评方式，有的孩子在学校里常与同学闹别扭，有的孩子受到别的同学欺负等，如果老师和家长没有及时疏通、打开孩子的心结，孩子就会感到在学校没意思，于是不愿意上学。

关键帮助

关键是找原因，找到根源在哪里，帮助孩子才能帮到点子上。消除孩子的厌学情绪，需要从各个方面多管齐下，而帮助孩子扬起理想的风帆，树立成才的信心，则是使孩子克服厌学的关键。

◎ 给予合理的期望值

不要给孩子过多的压力，尽量把对孩子的期望合理化。在了解孩子的基础上，给孩子制定一个合理的奋斗目标，让孩子跳一跳就能够得着，帮助孩子树立必胜的信心。让孩子多体验学习的快乐和有趣，多给孩子提供表现成功的机会，多给孩子一些自由的时间，让孩子有张有弛，在轻松愉快中生活、学习。

◎ 增强孩子的责任心

学习是孩子自己的事情，家长要让孩子早一些认识到这个问题，这样孩子才会主动地对自己的学习负责。父母不要逼着孩子去认真学习，否则容易让孩子认为学习是为了父母。要尽量把对孩子的要求转成对孩子的建议，多引导孩子如何学习，少一些命令。

◎ 学会与老师合作

父母要学会与老师合作，很多工作老师去做比父母去做，效果要好得多。所以，父母应多和老师沟通，及时了解孩子的心理和学习动向，及时化解可能出现的矛盾，共同寻找适合孩子学习的有效方法。

20 家长如何帮助孩子有计划、有条理地安排学习？

情景回放

姗姗生来就是个"慢性子"，做什么都是一副无所谓的样子，做什么都很随意。姗姗都上五年级了，每天早晨仍要赖床，好不容易被爸妈叫了起来，也不知道珍惜时间，慢悠悠地找衣服、鞋子，然后在屋里走来走去，不知道下一步该做什么。爸妈一边忙着洗漱、做早点，一边指挥她洗漱、吃饭、收拾书包，忙成一团。晚上姗姗做作业时，也总是东跑西颠的，一晚上也忙不完，更没时间自习了。

姗姗这样的表现正常吗？家长到底该怎么帮助她呢？

关键点分析

姗姗的"慢性子"，或许有先天的因素，但更主要的是家长没注意正确引导，放任这种性格发展，使孩子的生活和学习都陷入一团糟的境地。好多小学生都有这样的毛病，做事没计划、没条理，自理能力和自制力等都不强。到了小学高年级，如果孩子仍是这种状态，就会影响生活、影响学习，父母要及时引导，矫正这种不良倾向。

做事无计划，其实是态度问题，如果上进心强、积极进取，就会自然而然地为自己设定好行动目标，安排好行动计划。做事无条理主要是缺乏认知和实践能力，不能合理安排做事的顺序，总处在一种随意的无序状态中。既无计划也无条理的孩子，有时给人感觉很忙、很累，还未必有成果。

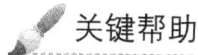 关键帮助

有计划、有条理地学习固然重要，但是几乎没有几个孩子能做到，大部分孩子都是常订计划、常完不成，如果家长因此就谴责孩子说话不算数、没毅力、虚伪，就是把孩子的优点当缺点对待了。其实，孩子能制订计划，是孩子主动学习的表现，完不成计划是正常的，很多学习计划是很难不折不扣地落实的。因此，只要孩子开始实施计划就是好的，就值得表扬，不要设定过高的目标，更不要强求孩子按时完成，家长要求过高会造成孩子的对抗和最终的放弃。如果家长因为孩子没有完成计划，就谴责孩子制订计划这个主动的表现，那么会打击孩子的积极性和自尊心，孩子可能以后连计划都懒得制订了。

要培养孩子的条理性和计划性，家长可以尝试下面的方法：

◎ 与孩子一起计划家庭事务

日常生活中需要统筹安排的事情，家长不妨与孩子一起做计划。比如周末出行，先去哪、后去哪、中间停在哪等，都与孩子商量。这不仅可以起到示范作用，而且可以让孩子学会统筹安排，进而更好地安排自己的事情。如果孩子的意见不合理或不好操作，家长也要跟孩子一起分析其中的原因，共同解决。

◎ 指导孩子安排好自己的事情

贪玩是孩子的天性，每个孩子都希望在学习之余能有时间看看动画片、看看自己喜欢的书、画自己想画的画、与小伙伴一起玩耍，或者只是随意地做手工。但时间总是有限的，如果既想这又想那、一会儿做这一会儿做那，可能什么都做不好。所以家长应该引导孩子做好计划，先

做什么后做什么、每件事大概需要多长时间，都写在纸上，然后严格照此执行。计划可以是长期的，每天都要坚持，也可以随着情况的变化临时制订、临时修改，关键是要科学，而且具备可操作性。

◎ 督促孩子严格执行计划

切不可半途而废，让计划成为泡影。既然已经制订了计划，就要按照计划上的步骤去执行。很多孩子因为自制力差，执行计划时常会偷工减料或任意变通，使计划成为一纸空文。因此，家长要多督促他们，使他们专注于手里的事，一项项地完成计划，养成习惯后，他们就能自己把握做事进度了。督促时可以结合一些奖惩措施，比如按时完成任务可奖励一定的自由活动时间，规定时间内写不完作业便不允许再写，没有完成计划或丢三落四要罚扣自由活动时间或取消先前的某个奖励协定等。

21
家长如何引导孩子做好课前预习？

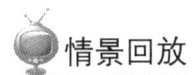 情景回放

欢欢是一名四年级的学生，比较贪玩，每天能完成作业已是不错，几乎没有兴趣完成课前预习这样的"软性作业"，而他的父母也没意识到预习的重要性，认为反正上课时老师都会讲解这些知识，只要认真听讲就可以了，何必浪费时间"做无用功"？所以，他们常常忽视检查欢欢的预习情况，最后发现孩子的学习并不扎实，有点疲于应付，考试成绩也不太理想。

开家长会时，老师说欢欢与其他几位同学都有这样的特点：上课时

很注意听讲,但并不是积极参与,回答问题比其他同学慢,接受新知识时显得吃力,作业质量不高,考试成绩一直上不去。欢欢的父母听后才开始思考,难道欢欢目前的状况真是预习不到位造成的吗?该如何补救呢?

关键点分析

很显然,欢欢目前的状况就是因为缺少课前预习造成的。课前不预习,或者预习不充分,上课时只能被动接收老师讲授的知识,肯定无法积极参与教学过程,思维反应也跟不上,勉强获得的知识犹如夹生饭,不能很好地消化吸收,作业质量肯定高不了,考试成绩也不会理想。其实主动学习才是学习的根本,教会孩子预习方法,提高孩子的自学能力,才能使孩子受益一生。

家长首先要让孩子觉得,预习不是一件很难的事情。预习不是把第二天要学的内容自学一遍,而是只需要利用五分钟时间把第二天要学的内容大致看一遍,了解哪些是已经熟悉的知识,哪些是陌生的,这样能刺激孩子去思考这些陌生的知识,对不懂的问题产生兴趣,孩子第二天听课时,自然会在老师讲到陌生内容时注意听讲。

关键帮助

◎ 要帮助孩子掌握科学合理的预习方法

预习并不是把第二天要学习的内容自学一遍,而是用一定的时间把第二天老师要讲的内容快速浏览一遍。在快速看一遍的过程中,要达到三个目的:第一是明确第二天老师要讲的内容,哪些是熟悉的,哪些是陌生的,对陌生的地方,孩子在第二天听课的时候会自然地集中精力听;第二是对陌生的内容产生兴趣,也就激发起了学习新知识的兴趣;

第三个是对陌生的内容做一番思考和探究，慢慢培养自学意识。家长在帮孩子预习的时候，要紧紧抓住预习的这三个目标，尤其是第三点——培养自学的能力，因为自学意识是一个人非常重要的生存之本，通过预习提高孩子的这种能力，可能使孩子受益终生。

◎ 要引导孩子轻松看待预习，把预习当成一种良好的习惯

家长要引导孩子轻松看待预习。孩子感觉简单了就愿意做了，千万别让孩子把预习当成多么重的负担。预习很简单，而且很有效，孩子自然愿意预习了。只有主科需要预习，副科不用预习，而且每一科只需要五分钟时间，孩子才会觉得既轻松容易又收获很大，因此愿意预习。

预习要持之以恒，坚持不懈。预习不是随意的一时兴起，而是学习的重要阶段。它应该是有计划、有规律的。孩子应该在即将接触新知识前做好预习工作，通俗地说，就是每天要预习第二天的学习内容，无论老师有无布置，都要把这项工作安排进晚间学习计划中。第二天课表里有的课程都要预习一下，但可以根据各科特点，有的重点预习，有的仅作大概了解。总之，预习功课应该成为学习中的一种常态，每天坚持，学习效果自然改善，考试成绩也会更加理想。

22
家长如何帮助孩子搞好复习？

 情景回放

桐桐上三年级了，一、二年级的学习成绩还算比较好，只要家长盯紧点，考试就能取得好成绩。到了三年级，语文、数学、英语老师都强调，每单元学完后要注意总结、注意查漏补缺，不然到了期末考试时就

来不及了。桐桐的家长很不理解，以前期末考试老师都会帮助复习，只要专项小测验能做对，考试一定没问题，难道上了三年级就变了？期末时老师就不带着复习了？这么小的孩子怎么会"总结"呢？

关键点分析

桐桐的老师们是根据教学规律要求孩子们做好单元复习的，经常温故，才能知新。桐桐的家长有个错误的想法，认为复习就是为了考试，其实复习工作不应该仅仅在考试之前才做，老师在校时带着复习，可能纯粹为了考试，而对于学生来说，"复习"应该是学习中的常态。孩子上小学后，就要渐渐学会复习功课的习惯，把学过的知识学好学透，并且融会贯通，才能保证作业的质量，学习才更有目标和劲头，考试成绩才会更理想。如果平时不注意复习，知识学得半生不熟的，不仅写作业费劲，到了期末复习时也会更累。家长应该帮助孩子养成经常复习的习惯，并在技术上给予指导。

关键帮助

学习的过程中，遇到问题及时回头看是最有价值的复习。复习是孩子自己的事，家长要做的只是提醒孩子，而不是真正带着孩子一步步复习。

◎ 督促孩子在总结复习时查漏补缺

复习就是为了查看知识的掌握程度，如果一旦发现有薄弱环节，必须马上补上，不然"学习链"就可能中断，继续学习会受到影响。必要时可以求助老师或其他专业人员。考试之后，家长更应该让孩子找出错漏之处，小错小补，大漏大修，总之，要在复习中将薄弱环节补强。

◎ 注重大考之前的复习

只有平时复习做到位,考试才能没问题。孩子大考前需要准备的内容比较多,家长应该提示孩子需要提前有计划地复习,让孩子养成良好的学习习惯即可,家长不需要提示具体的复习内容。孩子在大考前的复习阶段可能产生焦虑情绪,需要家长耐心疏导,给孩子信心,让孩子轻松上阵。

Part 4

好习惯为孩子打好人生的基础

01
孩子临近入学时，家长应为孩子做哪些工作?

情景回放

露露再过 10 多天就要背上小书包去上学了，爸爸妈妈为她准备好了所有的学具，希望她能开开心心地迎接校园生活。可是，细心的妈妈却发现，露露不像平日那样多言多语了，跟她说话她也爱答不理的，露露一个人待着的时候，明显在走神。妈妈问露露："怎么了宝贝? 快开学了，不开心呀?"露露回答："上学有什么好? 佳佳、雯雯都不跟我一个学校，以后我还能见到她们吗? 新学校什么样子? 我还能交到新的好朋友吗?"妈妈明白了，原来孩子是对幼儿园时期结识的小朋友们依依不舍呢!

露露的这种情绪是不是正常的? 父母该怎样帮助她呢?

关键点分析

家长要正确对待孩子上小学这件事。让孩子明白，上小学是进步的表现，是成长的表现。所以孩子上小学不应该紧张，而应该兴奋，因为自己又成长了，又前进了一步。这样孩子自然就没有那么大的心理压力了。

显然，露露没有做好入学前的心理准备。她习惯了幼儿园的生活，一下子要成为一名小学生，角色的转换可能不会很顺利，更多的是对幼儿园生活的留恋，特别是与昔日的小伙伴情谊深厚，一下子要分开，心

里不情愿，但又不得不接受这样的现实，所以心里就会有焦虑和不安，越临近开学心里就越恐慌。家长又没有向她充分介绍小学生活的具体情况，这让她在猜测中烦恼着、纠结着。可以说她这种状况跟自身性格有关，更主要的是家长没有把工作做到位。如果家长继续忽视孩子的情绪，不及时帮她疏解，恐怕开学后还会延续这种心绪，不利于孩子马上融入新环境、新生活。因此，家长要早做工作，随时观察孩子的心理变化，适当给予安慰和开导，帮助孩子以积极的心态去迎接新的生活。

 关键帮助

◎ 缓解孩子的紧张情绪

家长可以跟孩子讲讲自己入学时的一些趣事，在心理上给孩子一些安慰，缓解孩子的紧张情绪。告诉孩子，每个人到了一定年龄都要接受正规教育，都要上学，这是一件很自然的事情，也是值得骄傲的。但上学毕竟与幼儿园不同，好多人都会有些紧张，爸爸妈妈当时也很紧张。可后来的事实证明，这些紧张都是没有必要的，学校的老师很和蔼，同学们很友善，入学后可以学到很多知识，结识很多新朋友。

◎ 带孩子提前熟悉学校环境

在条件允许的情况下，家长可以带孩子去将要入学的校园看看，了解和感受新环境，减少对小学生活的陌生感和恐慌，激发其对小学生活的向往和热情。小学校园与幼儿园的布置是很不一样的，幼儿园里大多是游乐设施，而校园却多了一些体育运动的场地和用品，孩子会觉得很新鲜，产生跃跃欲试的心理。幼儿园的教室大都有床和小桌椅，而学校的教室却是高矮适中的桌椅配置，还有讲台、电视、幻灯机等设备，孩子也会觉得很新鲜，会对课堂生活很憧憬。

这时家长就可以适当地向孩子介绍一些课堂细节，比如课堂上是要

有秩序的，不能想做什么就做什么，但老师讲课时可以举手发言，表明自己听懂了，老师听到正确回答后会给予表扬；另外，每天都会有课后作业，需要按照要求完成，当然还会有小测验和考试，不过这些对于认真学习的孩子来说，都是很容易的事情，只要按老师说的做，就一定会成为合格的好学生。

家长还可以在家中演习小学生活的片段场景。家长充当老师，孩子自然就是学生，或者换过来，让孩子当老师，家长做学生。这种角色扮演，可以让孩子更好地了解小学课堂的情况，在整理学具、阅读课本、思考问题、回答问题、书写规范等细节上做到心中有数，紧张不安的心理也会减少许多。

◎ 给孩子一个过渡期

不要硬生生地把跟幼儿园时期有关的东西一下子就扯掉。孩子恋旧是正常的，不要因为马上就要升入小学，就把他以前常玩的东西收起来，强调说"以后上学了，这些没时间玩了"，否则孩子会在心理上对抗这种状态——既然上小学要付出那么大的牺牲，为什么还要去期待和迎接呢？可以允许孩子在短期内沿袭幼儿园时期的玩乐习惯，让孩子自然过渡到小学生的角色，才会消除其心理上的不安。

另外，可以让孩子跟幼儿园时期的小伙伴继续来往，并承诺尽量帮他们保持这种友谊，不会因为大家都上学了就真的各奔东西了。小伙伴们手拉手一起度过入学前的特殊时期，比家长用语言做工作要管用得多。

02
家长如何帮助刚入学的孩子适应新生活？

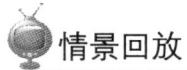 情景回放

爸爸妈妈辛辛苦苦把欢欢"拉扯"到6岁，终于等到了让她去上学的时候了！欢欢背上了小书包，俨然从幼儿园的小屁孩变成一年级的小豆包了！看着欢欢背着小书包跨进了校门，妈妈的心也跟着她进入了学校。

其实，这所学校真的很人性化，为了让孩子们在渐进状态下适应新生活，入学第一个月，新生每天只上半天课，就是说，早晨把孩子送去，中午便可接回。

妈妈特意休了年假，每天早晨送她去学校后，自己就在学校附近溜达，或者与其他家长聊天，等中午学校放学了再接欢欢回去。拳拳爱女心，可见一斑。下午时间妈妈完全用来陪欢欢：督促欢欢完成作业，帮助检查作业完成的质量，还不时询问欢欢在校情况。怕欢欢跟不上学习进度，妈妈还执意帮她预习新课，看起来比欢欢还紧张。欢欢快被妈妈折腾疯了，终于对妈妈说："妈妈，上学这么累，还不如待在幼儿园好呢！"

妈妈的这种情绪和做法对吗？到底该怎样帮助刚入小学的新生适应新生活呢？

❓ 关键点分析

越是大事，越需要以平常心对待，才不至于把好事做坏。更何况升

小学本来也不是什么大事,而是自然而然发生的事情,家长要顺其自然,不应该人为地制造紧张气氛。孩子升小学,全家人不要觉得如临大敌,要用正确的心态面对。

欢欢妈妈的激动和紧张是可以理解的。但是一旦激动和紧张过了头,就可能于事无补,甚至还会弄巧成拙。欢欢妈正是走入了这个误区。众所周知,小学生活跟幼儿园时期是有很大差异的:幼儿园时期以游戏为主,小学期间开始系统讲授知识,孩子在校时间除了课间休息之外,主要用来听课,各科有不同的要求,但都会留下一些作业让孩子回家巩固。

孩子刚入学时可能会有一些不适应,但校方会考虑这个因素,因此不会给孩子很大压力,包括作息时间、作业要求等,都不会为难孩子。倒是许多家长太看重孩子的表现,怕"输在起跑线上",比孩子还紧张,除了担心孩子在校能否跟上学习进度,也担心学习以外的方方面面,这种不安和紧张的情绪反而会给孩子增添不必要的负担,使孩子们更紧张,甚至出现厌学情绪。因此家长既要重视孩子起步阶段学习习惯的养成,又要重视可持续发展,培养孩子对学习的兴趣。

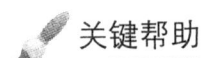关键帮助

◎ 帮助孩子调整作息时间

家长要帮助孩子调整生活习惯,必须早睡早起,保证充足的睡眠,去学校上学时才能精力充沛。要合理安排孩子在家的时间,这很重要。如果是全天上课,那么晚上在家的时间就尤显宝贵,一定要帮助孩子安排好时间,讲求效率。要督促孩子保质保量地完成作业,适当阅读一些课外书籍,还要安排适量时间让孩子去室外锻炼,或让孩子看看自己喜欢的电视节目,劳逸结合才能保证身心健康。

◎ 轻松地与孩子交流在校情况

家长要以积极轻松的语气与孩子交流在校情况，即使孩子在校出了什么"状况"，也可一笑了之，不要马上表现出非常紧张的情绪，或者直接告诉孩子"该怎么做"和"不该怎么做"。要让孩子觉得上学是件很正常、愉快的事情，没什么解决不了的问题。孩子有了自信和乐观，就能更好地独自应对有可能出现的情况。

◎ 手把手传授一些学习习惯

要帮孩子养成良好的学习习惯，而不是急于帮助孩子"预习"知识。良好学习习惯的养成很重要，包括阅读习惯、写字姿势、完成作业的态度、对知识的吸收和运用能力等。一年级孩子刚刚开始进入学习轨道，有的还不能完全进入状态，不知道怎么学才能符合老师和家长的要求，可能会需要家长手把手地传授一些经验。等这些习惯稳定了，家长再放手让他们自己去学习，去完成作业，在知识的海洋里遨游。但家长根本不用急于抢在老师前面教授孩子课本知识，只要孩子有良好的学习习惯，对老师教授的知识，孩子就会很好地吸收，相反，如果学习习惯不好，家长再费劲也未必有好效果。

◎ 帮助孩子与别人和谐相处

要帮助孩子学会跟老师与同学相处。良好的人际关系是孩子身心健康发展的必要基础和环境，在这样的环境中，孩子才会觉得愉快。家长要教会孩子在校期间尊重老师、关心集体、帮助同学。有些孩子在家比较"独"，到了学校，把任何人都不放在眼里，言语和行为上容易冒犯别人，别人生气，自己也不愉快，总在这样的心境中生活，孩子会失去上学的兴趣。

◎ 及时与老师联系、沟通

家长与学校的联系与沟通也很重要。家长经常并且及时地与老师取得联系，了解孩子的在校情况，并据此确定家庭教育的内容和程度，做到有的放矢，才能事半功倍。另一方面，对于老师布置的让家长配合的事情，比如帮助孩子练习拼音、练习口算等，家长一定要不折不扣地完成，只要家长抽出时间、投入精力，孩子就能取得优良的学习成绩。

03 如何培养孩子的自理能力？

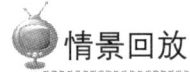
情景回放

一年级的"小豆包"雯雯在卫生间里洗澡，一边洗一边唱歌，悠然自得。妈妈不时催她几声，让她别磨蹭，赶紧洗。她答应得很欢快，洗完头后叫妈妈检查一下头发是否洗干净了。因为她在学习芭蕾，需要盘发，所以头发留得比较长，每次洗头都是最费劲的事儿。妈妈检查后表扬了她："今天洗得不错，基本洗干净了。"

坐在一旁的姥姥却忍不住对雯雯妈发起牢骚："你就懒吧，自己倒省事了，这么小的孩子让她自己洗澡，能洗干净吗？当初你们几个我还不是帮着洗到你们很大的时候？"妈妈对姥姥说："那都是什么年代的事儿了？现在的孩子都能干着呢，雯雯都上小学了，还不该自己洗澡啊？"姥姥却有自己的一套说辞："是啊，正因为上小学了，还不该抓紧时间好好学习？当初要不是我给你们做好后勤，你们几个能考上大学？能有今天的出息？"说着，姥姥就走进卫生间，要帮雯雯洗澡。妈妈坚决把姥姥拉了出来，阻止姥姥插手雯雯洗澡的事。

那么，妈妈和姥姥的做法，谁对谁错呢？

关键点分析

姥姥的言行反映出好多家长的育儿理念，那就是：对孩子百般疼爱，能为孩子做的就坚决不让孩子自己做，让孩子集中精力好好学习，长大才会有出人头地的机会。这样的育儿理念太看重知识的吸取，忽略了能力的培养，往往导致"高分低能"的结局。在家长的百般呵护下，孩子吃饭、穿衣等生活细节全都由家长代管，孩子没有一点自理的机会，一切活动也都完全在家长的指挥棒下转，孩子会逐渐丧失自我意识。有的家长还会不断过问孩子在校情况，帮孩子拿主意，使孩子失去独立思考和判断的能力，也缺乏处理和应对问题的能力，长期下去不利于孩子的身心发展。试想，一个人如果连自己的生活都不会打理，何谈成才立业呢？姥姥对雯雯的"隔代爱"表现得淋漓尽致，爱不得法就是在害孩子，该放手时就放手，才是对孩子真正的爱。

雯雯的妈妈采取的是完全不同的育儿方法，她明白锻炼孩子自理能力的重要性，顶着来自姥姥的压力坚持实践着，这是值得鼓励和支持的。相信在妈妈的调教下，雯雯会把自己的生活打理得井井有条，把自己的学习也安排得合情合理。可以说，让孩子早日学会生活自理，可以锻炼孩子自立自强的精神，是为孩子未来的成功铺平道路。

 关键帮助

◎ 家长要学会慢慢放手

家长为孩子做很多的事情，但其实家长做这些事情的目的应该是为了以后不用为他做事，让他独立。所以家长首先应该转变观念，不能把孩子当宠物养。培养孩子自理能力最好的方法就是不管孩子。比如说孩子摔倒了，家长往往要去扶，其实孩子完全可以自己爬起来。孩子只有自己吃苦受累了，自理能力才能培养起来。

◎ 家长要不断强化孩子的独立意识

孩子长期生活在别人的照顾里，一方面会很"自我"，另一方面，

又完全不能"自我",只有让他的"自我"意识真正觉醒,才能解决这个矛盾。"自我",不是一切以自己为中心,而是要在生活中真正地做到"自理",为人处世要有独立的意识和决断,不能完全依靠别人。当孩子在生活上寻求家人帮助时,家长不妨提醒一声:"你现在长大了,这些事可以试着自己干了,你能行的!"当孩子遇到事情征求家长意见时,不妨先让孩子自己想想有没有好主意,然后在这个基础上给予指点。

◎ 在不同阶段提出不同的要求

在孩子不同的成长阶段,家长要有明确的要求,并力求让孩子达到。上小学之前,孩子应该学会自己按时睡觉,起床后自己穿衣、刷牙、洗脸,帮家人摆放餐具、收拾饭桌等。入学后,更要不断掌握一些基本技能,比如自己洗澡,自己拿、放换洗衣服,自己叠被子,自己整理书桌书柜、书包文具等,还要学会处理在校吃午饭等事宜,适应学校生活。到了小学高年级,要学会独自与同龄孩子相处,适当参加一些夏令营或去同伴家过夜,锻炼离开父母独立生活的能力。此外,家长还要教会孩子一定的劳动技能,孩子在集体活动中才会更有活力和自信。

◎ 更注重孩子的动手能力

家长千万不要在功利思想的指导下,只抓孩子学习,不抓动手能力。实际上,培养孩子自理、自立,锻炼他们的动手能力,更能促进孩子的思维发展,更能提高自身素质,增强自信,在生活、学习乃至今后的工作中更加得心应手,最终才会成为对社会有用的人。当然,要做到学习、生活两不误,综合提高自身素质。

此外,在教育孩子的问题上,家长们经常会意见不一致,如果当着孩子的面表现出来,会让孩子无所适从,所以家长应该尽量协商一致,最好不要当着孩子的面争执,应私下取得一致意见。

04 孩子做事老是丢三落四的，怎样让他"长点记性"？

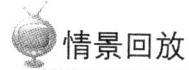情景回放

小明今年上三年级了，可是他一直有"丢三落四"的毛病。从小明上小学第一天起，小明的爸妈就为此烦恼不已，因为小明太不让人省心了，不是把作业本落家里了，就是忘记穿校服了，要不就是文具盒找不到了……害得小明爸妈三天两头地往学校跑，去给小明送东西。

开始，小明爸妈还没把这当回事，觉得"丢三落四"是许多孩子共有的毛病，等孩子长大了自然会好的。但随着儿子逐渐长大，小明爸妈发现儿子"丢三落四"的毛病一点没改，类似的事情还是频繁发生。小明几乎是天天"下达命令"，要爸妈立刻给他送某样物品，全然不管爸妈还在上班。尽管每次小明出门，爸妈总是提醒了再提醒，可无论爸妈怎么嘱咐叮咛，小明总不长记性，而且越来越让人操心了，这着实让家长感到很无奈。

关键点分析

类似案例中小明这样"丢三落四"的孩子，在小学生中还真是特别常见。虽然孩子"丢三落四"是小毛病，但家长千万不要幻想"孩子长大懂事了，自然而然就好了"，而是要尽早寻其原因及时矫正。

◎ 父母的娇惯

有些父母已经发现孩子有"丢三落四"的毛病，但并没有认真对

待孩子的这种偏差行为，而是乐意跟在孩子后面为孩子"擦屁股"，一会儿帮孩子收拾玩具，一会儿为孩子整理书包，唯恐累着孩子。当孩子找不到东西时，父母的关注总是"非常及时、到位"，父母迅速把孩子所需物品递到孩子手中，根本不用孩子自己费心。父母一味地娇惯，助长了孩子的依赖性，使孩子"丢三落四"的行为更加严重。

◎ 父母的"大方"

父母在孩子面前过于"大方"，表现为对孩子的玩具、学习用品很不珍惜，丢了再买，一买一大堆，至于孩子是否爱惜懒得去管。久而久之，孩子对自己的物品不懂得爱惜，丢了也不觉得可惜。如此恶性循环，"丢三落四"的坏习惯自然形成。

◎ 父母自己"丢三落四"

有些父母不拘小节，家里生活物品乱摆乱放，下班回家把东西随手一扔，需要用时再乱找一气。在孩子眼里，父母老是"丢三落四"，忘这忘那。潜移默化的影响下，孩子也会和自己的父母一样"丢三落四"。

◎ 孩子缺乏责任心

有的孩子上学忘带文具盒了，忘记穿校服挨老师批评了，孩子不从自身找原因，而是责怪妈妈怎么不把文具盒放好，怎么没提醒自己穿校服，这是孩子没有责任心的表现。

关键帮助

要想纠正孩子"丢三落四"的习惯，可以尝试以下做法：

◎ 寻找原因

每个孩子都有自己的关注点和兴趣点,他在某一个问题上丢三落四,可能在其他的问题上就能全神贯注。所以家长要分析孩子的兴趣点在哪,他关注什么,之后因势利导,而不要一味谴责孩子丢三落四。陈景润为了研究哥德巴赫猜想,几乎是个生活不能自理的人,更别说丢三落四了,他的关注点就在"1+1"。所以孩子在一方面丢三落四,很可能在其他的某个方面就严谨投入,这是家长应该好好分析的。

◎ 不妨做"懒爸懒妈"

现在的孩子大多是独生子女,父母宠爱也是理所应当的。但为了孩子好习惯的养成,在孩子面前,家长不妨"懒"一些。孩子能自己独立完成的,尽量别插手。放手让孩子自己收拾书包,整理文具、作业,从做这些小事中培养孩子的独立习惯和生活自理能力,减少对父母的依赖性。做"懒爸懒妈",让孩子养成好习惯,家长何乐而不为呢?

◎ 让孩子尝尝"苦头"

当孩子"丢三落四"忘了东西时,家长不要立即帮孩子解决,应该先让孩子知道"丢三落四"的后果。比如:孩子把作业忘在家里了,家长不要立即给孩子送到学校,而是让孩子自己回家拿,即使是迟到,也要让孩子记住这个教训。不要心疼孩子,狠狠心,让孩子尝尝"苦头",一次就能让孩子长记性。

◎ 父母做好榜样

为了孩子,父母不要以工作繁忙为借口,让家里乱七八糟。无论房间大小,物品摆放要整体有序,常用生活用品要各自归类,包括钥匙、书籍要有自己固定的位置,以方便寻找。长期生活在这样的家庭环境中的孩子,一定会慢慢养成做事有条理的好习惯的。

◎ 培养孩子的责任心

在日常生活中,家长要特别注意孩子责任心的培养。要时刻提醒孩子,自己的事情要自己负责,像做完作业要自己检查对错,出家门前检查学习用品是否带全等,都是自己不可推卸的责任。让孩子慢慢学会安排好自己的学习、生活,强化孩子的自我管理意识,久而久之,责任感也就培养起来了。

05 孩子不会合理安排时间,怎样培养他的时间意识?

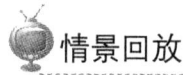
情景回放

小青上小学了,可还是很贪玩。每天下午的自习课不是和同学玩,就是管闲事,白白浪费一节课,作业全部放到回家后再做。可回到家后,小青一会儿吃点东西,一会儿看看电视,知道父母快下班回家了,才装模作样地做起了作业。没做两道题,就到吃饭时间了。吃完饭后,小青并不着急做作业,磨蹭半天才坐到书桌前。可小青一会儿找铅笔,一会儿找橡皮,一会儿喝杯饮料,一会儿又吃水果,9点多了,作业做了还不到一半。

小青的时间利用率太低,每天晚上在爸妈的督促声中,作业还是做到很晚,严重影响第二天的听课质量,学习效率更低了。看着小青睡眠严重不足的可怜样子,爸妈真是心疼,但又想不出应该用什么办法解决,为此很是苦恼。

关键点分析

其实，八九岁的孩子，喜欢玩是他们的天性。他们还不知道人生的目标和使命，也没有时间的紧迫感，更不会懂得"一寸光阴一寸金，寸金难买寸光阴"的道理。即使家长天天盯着他，孩子表面上认认真真、唯命是从，但是心里还不知道在想什么呢。

要想孩子科学利用时间，尽可能地提高学习效率，家长首先要了解孩子的心理特点。这个年龄段的孩子，一是学习没有明确的目标，不知道应该在规定时间内完成多少学习任务；二是注意力集中时间短，很容易分心；三是凭兴趣学习的现象严重，愿意学的学科作业做得又快又好，而对不感兴趣的学科，作业做得慢质量还差；四是家里诱惑太多，吃的、玩的应有尽有，小孩子很难控制住自己的欲望。

关键帮助

家长要注意为孩子创造一个安静、和谐的家庭学习环境，尽量排除电视、音响和电话铃声的干扰，让孩子能专心学习，提高学习效率。

提醒孩子学习前把有关的学习用品都准备好，把学习用具放在手头，以便随时取用，避免因为寻找学习用品而浪费时间。

放学后，让孩子把要完成的作业整理出来，做到有秩序，不遗漏。再让孩子根据各科作业的情况，制定出一个相应的时间表，把用于做每科作业的时间尽量进行详细、合理的划分。学习时，尽量按照时间计划进行，做到学习目标明确，增强时间观念。

由于孩子年龄小，注意力集中时间短，因此可采用劳逸结合，交替用脑的方法。具体就是语文、数学、英语三科的学习交叉进行，以防孩子失去学习兴趣。让孩子先做不太感兴趣学科的作业，把学得最好的学科放到最后，这样可以提高时间的利用率。另外，孩子学习 30~40 分钟后，适当休息10分钟，喝点饮料、吃点水果，使大脑得到适当休息后再接着学。

孩子完成学习任务后，家长一定要让孩子痛痛快快地玩，做孩子自己喜欢做的事。不要再给孩子加码，安排额外的学习任务，否则孩子会感觉没盼头，干脆磨磨蹭蹭到底，那可真就没办法了。

只要坚持一段时间，孩子会慢慢学会如何科学地利用时间，如何提高做题速度。孩子成了时间的主人时，就能学得更快、更好。

05 孩子懒懒散散，家长怎么办？

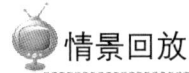
情景回放

平平五年级了，生活中懒懒散散的，学习更是如此。做作业时爱偷懒，常想出一些办法来投机取巧，能少写的词一定不写，能简写的句子一定不写长，能不用的标点一定不用。考试也无法激起他的斗志，复习时总挑三拣四的，认为"这肯定考、那肯定不考"，然后就选自己认为可能考到的内容复习，其他的都不复习。可以想象，他的成绩不是很理想，主要就是因为偷懒，投入精力不够。老师和家长都跟他交流过好多次，每次他都口头上答应得好好的，但接下来仍是我行我素。

家长该用什么办法让他改掉懒惰的毛病，变得勤奋起来呢？

关键点分析

懒惰是不良品性，表现在生活上就是没有精气神。懒惰也是不良习惯，在学习上表现为有畏难情绪。如果一直懒散成性，偷懒会成为孩子人生道路上的拦路虎，不仅仅学生时代成绩不理想，在今后的人生道路上也会遇到挫折，影响深远。

学习是一个脚踏实地的过程，耕耘多少就会收获多少，如果只想省事、投机取巧，常常会一无所获。平平就是我们平时所说的"学习不用功"的典型。努力与不努力、投入与不投入，效果肯定是两样的。平平把学习当成了"差事"和负担，认为写作业是为了应付老师的检查，参加考试是为了给家长拿回个好分数，所以一切都只是勉强应付，缺乏主动性。而且平平比较喜欢耍小聪明，存有侥幸心理，认为投机取巧是最省时省力的事，所以做作业、复习迎考时才会投入不够。平平这种习惯还源自生活中的懒散，这是一种生活态度问题，要想改掉他学习偷懒的毛病，必须在生活中让他变得更活泼一些，更有进取精神，这才是根本。

关键帮助

家长先要观察，看看孩子除了在学习上懒，在别的地方是如何表现的，因为孩子可能在其他方面非常勤奋。也许懒的根源就在于他对学习不感兴趣，如果是对学习不感兴趣，就不能简单地靠纠正动作、行为来改变。这种情况要对症下药，先培养孩子对学习的兴趣。

◎ 消除孩子对学习的畏难情绪

如果孩子在学习上"偷懒"，很可能是因为在学习上有畏难情绪，没有兴趣。小学生的精力是非常充沛的，他在某方面"偷懒"，必然把精力投入到其他方面。如果他在学习上"偷懒"，说明他的第一兴趣点不在学习上。所以这时家长要解决孩子"偷懒"这个问题，首先要培养孩子对学习的兴趣，同时降低对孩子的要求标准和学习难度，不要让孩子有畏难情绪。

◎ 引导孩子认真复习迎考

家长要做好思想工作,引导孩子认认真真地复习迎考。现行教育体制仍是以应试为主,考试虽不是最终或惟一目的,但却是检验孩子知识水平的工具。无论是学期考试,还是升学考试,都必须认真对待,至少要对自己负责。从学习规律来说,复习迎考应该是一个查漏补缺的机会,而不是猜题押宝的过程。存有侥幸心理闪避过去的内容,往往正是自己的薄弱环节,未能及时予以补救就定会成为以后学习中的隐患,而且就连眼前的考试也未必能应付过去,得不偿失,何苦呢?小聪明要用在掌握知识上,而不要用在侥幸偷懒上。要让事实证明:只有复习时真正努力了、付出了,考试结果才会令人满意。

07 如何正确对待孩子的"玩"和"学"?

情景回放

小雨的妈妈在对待孩子的教育上比较"超然"。当别的孩子都在忙着学习数学和英语等文化课时,她丝毫不为所动,安然地让女儿"放开了玩",所报兴趣班也只是音乐、舞蹈方面的,跟文化课一点儿不沾边。结果是别的孩子在上小学前就掌握了好多知识,有的还获得了珠心算和英语的考级证书,而小雨却只是专注于玩耍,对儿童乐园情有独钟,对"捉迷藏"等游戏乐此不疲。

上小学后,小雨的成绩虽不是特别优秀,倒也说得过去,在班上也属于"第一梯队"的成员。有人对小雨妈说:"看来你家小雨很聪明,要是早些送她去文化课的兴趣班学习,成绩一定会更好。"那么,小雨妈该不该为此后悔呢？孩子上小学后，怎样处理学与玩的关系呢？

关键点分析

做自己感兴趣的事是最愉快的，让孩子爱学习，关键是让孩子感受到学习带来的乐趣。学和玩并不是对立的，学中有玩，玩中有学。

许多家长会不自觉地把"学习"和"玩"对立起来，非此即彼、有我无它，这种思维方式是有问题的。广义的"学习"不是刻板地照本宣科、抄字写词，也不是概念计算、难题怪题。"学习"的内容很广泛，形式也应该是多样的。让孩子从小学会观察、学会思考，身边万物皆为师，"学习"会是其乐无穷的事情。广义的"玩"也不是整天蹦蹦跳跳、追跑打闹，不是游山玩水、迷宫天地。"玩"的形式也多样，各有各的乐趣。摆正"学习"的心态，调整"玩"的心理，就会发现这两者并不冲突，且可以很好地对接。如果家长一想起让孩子"学习"，就认为必须停下孩子一切玩乐活动，却不知道这样做挤掉了孩子玩耍的时间，影响了孩子的心情，孩子反而一提学习就头疼、就抵触，就强烈要求"出去玩"，那就掉进了一个恶性循环的圈子。

小雨在上小学之前并没有跟别人一样去上各种文化知识班，上学后却一点也没有比别的孩子差，可见妈妈的做法没什么值得后悔的，孩子该玩的时候就让他玩，该学习的时候自然就会学习了。凡事要遵循教育规律，拔苗助长没有什么好处。要注意的是，孩子上了小学以后应该"收收心"，将时间和精力适当地转移到学习中去，在学中玩，在玩中学，两者兼顾，才能促进孩子全方位发展。

关键帮助

玩是小学生的天性，没有不爱玩的孩子，问题是玩什么，如何把握好度。有些孩子喜欢玩游戏、上网，这很可能上瘾，荒废了学业，一定要制止。但是也有些"玩"可以被引导成对未来发展有益的特长。孩子未来的特长，很多是在玩中奠定的基础，比如有的孩子喜欢玩球类，也许会发展成未来的体育特长；有的孩子喜欢跳舞、喜欢乐器，将来可能发展成艺术特长；还有些孩子喜欢做手工，拆卸机械元件之类的，这或许就是未来的"小小发明家"。

玩和学看似对立，其实是统一的。玩和学要统一，就要解决一个"效率"问题。玩和学都要讲究效率，学的时候全情投入、四大皆空、心如止水，玩的时候就痛快地玩。孩子可以很长时间不学习，但是学习时的每分每秒都应该是高效的，这样腾出时间就可以玩，玩和学就可以有效统一了。

08
孩子上课注意力不集中爱走神，怎么办？

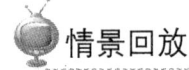
情景回放

小宁是个非常聪明的孩子，已经上四年级了。可是，从小宁上小学的第一天起，爸爸妈妈好像就没有消停过，因为小宁的老师三天两头打来电话，反映小宁上课不专心听讲。

原来，小宁上课总是注意力不集中，不是东张西望、做小动作、玩铅笔和橡皮，就是说话，严重影响了其他同学。老师每天不知批评他多少次，可就是不见效。老师实在没办法，只好请家长帮忙了。

小宁的爸妈也不知怎样才能让孩子专心听讲。批评教育，严格管束，打也打了，骂也骂了，可就是没效果，小宁的注意力还是集中不了。自然，小宁的学习成绩一直不理想。爸妈怎么也想不明白，挺聪明的孩子为什么上课就集中不了精力呢？

关键点分析

上课走神是孩子最常见的一种毛病,是注意力不能集中在学习上的一种表现,也是学习效率低下的最重要原因。不能小看孩子上课走神的问题,因为孩子注意力不集中,思路就跟不上老师,慢慢便失去了听课的兴趣,学习成绩自然会受影响。

小孩子在玩游戏、看动画片时能聚精会神,为什么上课会走神呢?

◎ 缺乏兴趣

兴趣是最好的老师,如果孩子对所学习的知识没兴趣的话,学一小会就不耐烦了。这跟成年人一样,只不过成年人会有意识地控制自己来硬着头皮学,孩子们年龄小还不能控制自己的意志,如果课堂内容乏味就很容易走神。

◎ 睡眠不足

"中国关心下一代工作委员会事业发展中心"在全国八大城市调查发现,有六成多学生因为睡眠不足、学习时间过长,导致上课无法集中注意力。在这方面,小学生的表现尤为突出。

◎ 老师讲得不生动

老师讲课令人昏昏欲睡,孩子自然就容易走神。也有的孩子因为受到老师批评,产生逆反心理,导致孩子讨厌老师,进而通过上课开小差甚至是捣乱来表达对老师的不满。

◎ 听不懂

孩子走神的重要原因之一是孩子听不懂。导致孩子听不懂的原因有很多,除了老师讲得不生动以外,也可能是因为孩子自身基础太差;因为受同学欺负，导致上课分心；因为学习能力低，对学习有抗拒或逃避的心理；因为缺乏营养，比如缺锌；因为患有多动症等。这些因素也会导致孩子听不懂老师讲的东西，让孩子上课走神儿。

关键帮助

如果家长发现孩子上课注意力不能集中，可参考如下几方面对孩子及时进行矫正：

◎ 激发兴趣

解决孩子上课走神的问题，首要的是想办法培养孩子对学习的兴趣。让孩子把学到的东西及时应用到实际生活中，让孩子感觉知识是非常重要、有用和有意思的，通过知识的运用过程激发孩子的学习兴趣。

◎ 培养孩子的自制力

家长在日常生活中，要有意识地培养孩子的自我控制能力。可以通过让孩子在一段时间内专心做一件事入手，如做作业、绘画、练琴、手工制作等来培养孩子的自制力。要循序渐进，一次增加5分钟，心急吃不了热豆腐。从开始的10分钟，慢慢过渡到40分钟。

◎ 注意劳逸结合

学习是脑力劳动，要消耗大量的脑内氧气。家长要合理安排孩子的作息时间，控制孩子看电视和玩电子游戏的时间，保证孩子充足的睡眠，养成劳逸结合的好习惯。这样，孩子才能有充足的精力专心听课。

◎ 请老师帮助监督

孩子上课走神时，请老师帮忙配合效果应该是显著的。家长要耐心和老师交流、沟通，请老师帮忙，课堂上发现孩子走神时要及时提醒，或有意识地安排孩子上黑板做题、回答老师的提问等具体任务，帮孩子尽快把心收回来。

◎ 寻求专业指导，抓紧把基础补上来

如果孩子是因为营养方面或心理因素导致上课走神，家长就要请专业的儿童教育专家或者医生，对孩子进行综合考察、诊断，然后再对孩子进行有针对性的治疗和矫正。

09 如何改掉孩子上课随便说话的毛病？

情景回放

亮亮的妈妈最近又接到亮亮班主任老师的"投诉"电话。儿子这一阵子纪律太差，几乎每堂课都会受到批评，原因就是上课随便说话，有时和周围的同学说，有时是随意打断老师的讲课，没等老师点名就回答问题。亮亮的不良表现，严重影响了课堂纪律。

尽管老师们多次找亮亮谈话、做工作，可效果并不明显。没办法，班主任只好打电话"投诉"了。

亮亮的妈妈实在没辙了，从知道亮亮有这个坏毛病开始，亮亮妈就整天提醒儿子：上课要注意遵守纪律，不经老师允许不能随便说话。亮亮的爸爸也天天训他，天天叮嘱，但好像都没起什么作用。

亮亮的爸妈很苦恼：怎样才能改掉亮亮上课随便说话的坏毛病呢？

关键点分析

这可真是个不能小看的问题。孩子上课随便说话，危害很大，既打断了老师的教学思路，影响老师的讲课情绪，还影响了其他同学听课的注意力，进而影响整个班级的课堂教学效果。

"没有规矩，不成方圆"，人作为社会群体中的一员，必须注意自己的言行是否影响和干扰别人，这是最基本的处世原则。同样，孩子作为班级中的一分子，也应该有这个意识，不要影响同学们听课。如果孩子上课老是随便说话，那应该说是孩子对规则的意识比较弱。究其原因，可能有如下几个方面：

◎ 过于自我

家长特别娇惯、溺爱孩子，在家里孩子想做什么就做什么，养成了孩子以自我为中心的坏毛病，孩子没有建立很好的规则意识。到了学校，孩子上课想说话就说话，根本意识不到这样做会影响老师讲课和同学们听课。

◎ 自制力差

年龄小的孩子，自我控制的能力比较低，耐心倾听的能力也低，专心做某件事情的时间不太长，一节课40分钟很难控制自己不乱说话。

◎ 抵触老师

孩子受老师批评过多，导致师生之间感情疏远，甚至反感对立，于是孩子会在课堂上故意破坏纪律。

◎ 反应很快，表现欲强

有的孩子反应很快，老师刚讲完就学会了，这样的孩子如果表现欲很强，就很容易打断老师的讲课，或者孩子自认为会了，不再认真听课而和周围的同学说话。

关键帮助

家长要就事论事，不要否定孩子的品质，因为上课说话不是品质问题。为了帮助孩子改正上课爱说话的缺点，家长们可以参考如下方法：

◎ 要有耐心

对这样的孩子家长要有耐心，发现一点进步就表扬。跟老师协商好，与孩子的过去比，不要与别人比。最忌讳的就是跟班级里面最守纪律的孩子比，因为孩子会觉得自己永远都不能变成守纪律的孩子。家长应该跟孩子约定每堂课少说两句话，这样慢慢下来，孩子也很容易看到自己的进步。

◎ 进行专注训练

方法一：把孩子的家庭作业分为几个时间段，在做作业时不能说话，想说也要忍住，只有休息时才可以说话、问问题。通过适当的奖励与惩罚鼓励孩子。开始时可以10分钟为一个时间段，孩子做到后再慢慢延长，每次增加5分钟，直到40分钟。

方法二：沉默游戏比赛。全家所有人员都参加，在规定时间里，谁先讲话谁输，输的一方接受一定的惩罚。

方法三：夹豆子游戏比赛。用筷子夹豆子，看谁在规定的时间内夹得最多，或者看谁夹豆子的时间最长。比赛过程中不能说话，谁说话就算输。

◎ 设立提示牌

有位很聪明的家长，为爱说话的女儿做了一张卡片，立在课桌上，卡片上画了一个美丽的小公主戴了一个小口罩，口罩上面写着：宝贝，加油哦！结果效果很不错。

◎ 变相约束

对精力过剩的孩子，家长可以和老师商量，适当安排孩子当个管纪律的小组长，既对他起到约束的作用，又不会抹杀他的积极性。

当然，在帮助孩子培养好习惯的过程中，家长要有耐心，不能操之过急，要给孩子一个宽松的环境，陪孩子一起成长！

10 如何帮助孩子摆脱对电视的迷恋？

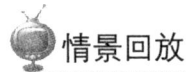 情景回放

山山4岁时迷恋上了电视，在电视机前一坐就是半天，观看电视节目非常投入，外界发生任何事情都不会分散他的注意力。家长让他出门活动他都没兴趣，跟他说话他也不愿搭理，连吃饭也是匆匆应付。渐渐地，山山变得孤独、怕羞，不愿和其他小朋友交往。进入小学后，他仍然非常迷恋电视节目，对学习、作业兴趣寡淡。爸爸妈妈很着急，有什么办法可以把山山从电视机前拽开呢？

关键点分析

孩子每天长时间看电视，不愿参加其他活动，不仅影响身体发育，而且容易形成性格上的自闭，与人交往能力减弱，情绪上容易焦虑。有些孩子看电视太投入，把自己也设想成电视节目中的人物，模仿和编造剧情，沉浸于角色扮演之中，会出现"自言自语"等反常行为。长期迷恋电视的孩子，性格孤僻，缺乏生活经验和学习能力，没有责任心，

难以适应学校生活，受挫感又会加深他们的情绪波动，心理容易走向畸形。可以看出，山山已经因为迷恋电视影响了学习，影响了身心的健康发展，家长必须当机立断，帮助他克服依恋电视的病态，让他从电视节目的诱惑中解脱出来，重归正常的学习和生活。

关键帮助

电视毁了太多中国孩子，但其实这都是家长的问题。孩子对电视的迷恋，大多数是家长培养出来的。很多家长看电视上瘾，不愿意抽出时间陪孩子玩、培养孩子的情趣，而是眼睛始终盯在电视上，孩子也自然而然地眼睛盯在电视上。如果家长从自身做起，不看电视，陪孩子玩，注意观察和发现孩子的兴趣爱好，引导和培养孩子的阅读兴趣，培养孩子独立的向往和追求，孩子自然就不看电视了。

在家长以身作则的前提下，还可以运用下面的几个方法：

◎ 家长不要因为忙而把孩子扔给电视

家长千万不要为了自己"清静"，就把孩子扔给电视，特别是假期，一定不要把孩子一个人关在家里。有些家长只顾忙自己的事情，就把孩子放在电视机前，认为孩子看电视时比较安静，不会打扰到自己，却不知这样一来，孩子就把对家长的情感依赖转移到了电视上，长此以往就形成了对电视的迷恋，家长再想拽回就很难了。因此，家长无论多忙，都要顾及孩子的感受，切不可一时兴起，把孩子扔给电视，一定要保证足够的亲子时间，如果实在有事要做，也要等孩子休息以后再说。

◎ 家长要严格控制孩子看电视的时间

家长要跟孩子约法三章，严格控制孩子看电视的时长、频率和具体时间。让孩子明白，每天仍可以接触电视，但不是随时都可以看，也不是随便想看多久就能看多久，慢慢帮助孩子戒除爱看电视的习惯。要在保证作业完成质量的前提下，才能够看电视。

◎ 家长要帮助孩子选择合适的电视节目

家长要帮助孩子选择合适的电视节目，既有趣味性，又有知识性；既符合孩子的年龄特点，也富有一定的挑战性。限定了内容，就可以避免孩子观看电视的盲目性，也可以减少孩子接触电视的时间。建议多看一些有励志作用的动画片、儿童文艺节目、知识智力竞赛等。孩子观看电视时，家长可以抽时间陪同孩子，边看边与孩子交流，提高孩子的观赏能力，也避免孩子因太沉迷于电视而丧失与人交往的能力。

◎ 家长要多陪孩子玩

家长要多与孩子进行亲子互动，把孩子的注意力转移到更有意义、更有利身心健康发展的游戏和活动中去。比如给孩子讲故事，与孩子做游戏，陪孩子画画、做手工，带孩子出门活动等，等养成了习惯，孩子的注意力就不会再仅仅集中在电视节目上了。

11
如何让网络成为孩子的良师益友？

 情景回放

小勇今年10岁，聪明活泼，喜欢球类运动，学习成绩在班里也名列前茅。可是，从去年接触网络游戏以来，小勇很快就到了痴迷的程度，开始还只在家里上网，慢慢发展到旷课逃学，到网吧里上网。爸妈多次劝说没用，只好用上学、放学"押送"，限制小勇零花钱的方式防止他去网吧，还把家中电脑设置了密码，但都无济于事。小勇一有机会

就打电脑游戏，连最喜欢的足球也好长时间没和小伙伴们玩了，学习成绩明显下降。无奈之下，小勇的父母只好求助于戒除网瘾的专业机构。

关键点分析

应该说，迷上网络主要的责任不在孩子身上。有些家长怕孩子调皮，为了图省事，让孩子去玩游戏，孩子倒是不调皮了，却对游戏上瘾了。这样就会把孩子引向歧途。而且这个年龄段的孩子单纯、自控能力差，很容易被精彩的网络世界吸引，喜欢上网也是可以理解的。

家长们要注意的是，如何让孩子利用好网络这个工具为其服务，又不会因过度喜爱而沉迷在网络的虚拟世界里。要解决这个问题，首先要搞清楚孩子喜欢"网游"的原因。

◎ 父母爱上网

成年人很多都喜欢上网玩游戏，特别是在家里，斗地主、网络聊天、种菜偷菜等。这种潜移默化的影响对孩子来说是巨大的，因此在孩子眼里，电脑就是一种娱乐工具。

◎ 亲子相处时间少

家长忽略孩子的情感需求，亲子相处时间少，再加上缺乏同龄伙伴的接触和交流，孩子的情感世界呈现空白状态，而网络恰好为孩子提供了情感寄托的虚拟空间。父母对孩子的关心、关注和督促不足，往往成为孩子上网成瘾的主要原因，而且父母的无暇顾及也给了孩子沉迷网络的充分时间。

◎ 应试教育的影响

无论是中考、高考，应试教育的影子一直徘徊在孩子左右，老师的教学也不得不围绕着"考试"这个指挥棒转，侧重于书本知识的强化，而很少安排让孩子通过上网查资料获取知识的作业，即使老师安排了，家长也不放心让孩子上网。

◎ 学习压力过大

由于孩子生活在强调竞争的时代，父母望子成龙心切，使孩子小小的年龄就承担了过重的学习压力，不但是文化课方面，还有名目繁多的特长、兴趣班方面的。孩子在难以承受的压力下，感到很累，很不快乐。而在"网游"世界里，孩子可以自由放松，尽情体验虚拟的成功。如此天壤之别的两个"世界"，孩子本能地选择逃避，到网络世界里去获得满足。

因此，想要孩子利用好网络这个工具，家长应首先从自身做起，主动和孩子交流沟通，多了解孩子在网上的行为，以便能及时给孩子适当的引导，既让网络成为孩子的良师益友，又避免孩子陷入网络的陷阱。

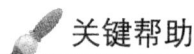
关键帮助

家长指导孩子正确使用好网络这个工具，可从如下几点做起：

◎ 明确网络的工具性

要让孩子认识到网络的真正作用是"信息源"，是获取信息的工具。家长必须给孩子做出榜样，在家里当着孩子的面，不要再把电脑当成娱乐手段，而是利用电脑查找所需资料，了解国内外大事，阅读名家的著作，让孩子从一开始接触网络，把网络当成主要的信息获取工具。让孩子想一些不明白的问题，教孩子如何上网查资料，如何下载有用的图片、文本；教孩子体验不用到书店就可以博览群书的乐趣；和孩子一起玩一些益智类的小游戏；帮孩子建个博客，记录成长的点滴足迹；查找几个内容较好的少年网站，放到收藏夹中让孩子浏览。

◎ 加强亲子关系

家长要与孩子充分沟通,加强亲子关系,以免孩子情感空虚,选择网络作为精神寄托。家长要与孩子约法三章,规定上网时间和时长,并通过一些技术手段控制电脑和网络,达到监控孩子上网的目的。

◎ 丰富孩子的课余生活

经常带孩子到大自然中郊游、娱乐;到科技馆、图书馆开阔视野;到兴趣班发展个性特长;鼓励孩子多和小伙伴交往、游戏,让孩子在丰富多彩的课余生活中,发展兴趣爱好,体验现实生活的快乐美好。

◎ 多让孩子体验成功

家长对孩子的要求,可以采用小目标、小层次,让孩子多体验成功带来的快乐,孩子的快乐是成功的源泉。针对孩子自身的特长,家长要多提供让孩子表现自己的机会,增强孩子的自信心,减轻压力。

只要家长有耐心,慢慢地把孩子引导到健康上网的道路上,网络定会成为孩子的良师益友。

12
家长应如何教育孩子有节制地生活?

 情景回放

有的孩子上学轻轻松松,除了上课学习,课下、周末尽情地嬉戏玩耍、打球、看电视、上网玩游戏,优哉游哉,可成绩还一直稳居前几名。而有的孩子上课学、下课学,周末还学,几乎与娱乐绝缘,可成绩

并没有期望的那么理想。为什么会有这种区别呢？

关键点分析

所谓会学习的孩子，一是学习时特别专心，无论周围环境多么嘈杂，都不会影响这些孩子的学习质量。二是玩时也特别专心，尽情、投入地玩耍。三是这些孩子特别有节制，说好玩多长时间，就玩多长时间，不会为自己多玩一会寻找任何借口。即使是周末，无论玩什么游戏，他们都很有节制，所以也不会上瘾。

而学习效率低的孩子，尽管表面看他们一直在学习，学得很苦、很累，可你仔细观察、了解就会发现，这些孩子有如下特点：一是课堂上孩子的眼神是游离的，说明听课走神了，很不专心。二是孩子对自己做的事情没有节制，只要有机会，看电视、上网，玩起来就会忘了时间。

做家长的都希望自己的孩子既学习好又玩得开心，谁也不忍心让孩子学得太累、太苦。要做到这一点，培养孩子的自我克制能力就非常重要。许多名人，就是因为他们能时刻节制自己，经得起各种欲望的诱惑，才会集中精力在不同领域里做出杰出的成就。生长在当今社会的孩子，身边的各种诱惑真是太多了，如果孩子不能克制自己的欲望，又怎能专心学习呢？所以，家长要引导孩子有节制地生活。

关键帮助

教育孩子有节制地生活，可从如下几方面入手：

◎ 不轻易满足孩子

首先，家长要让孩子明白，不是孩子想要什么父母就能给什么，孩子自己喜欢的东西可能很多，但家长是不可能全部满足他的要求的。对不合理的要求，家长要果断地说"不"。而对孩子合情合理的需求，家长也不要全部满足,更不要轻易地满足孩子,一是让孩子学会等待和忍耐,二是让孩子明白并不是什么要求都可以达到的。

◎ 坚持立场不动摇

面对孩子的无理哭闹,家长不能心软,要坚持正确的立场不动摇。父母的态度要保持一致,任何一方都不能因为心疼孩子而放弃原则来满足孩子的要求,否则,当孩子的欲望越来越大时,后悔就晚了。外面的世界太精彩,孩子必须节制欲望,才能经得起诱惑。

◎ 不和别人攀比

家长要带好头,无论是工作还是生活,不要在孩子面前和周围的人攀比,也不要把贵重物品拿出来炫耀。只要家里条件允许,家长完全可以给孩子买更舒服的服装、鞋帽、玩具,但在孩子面前,不要老提是什么牌子,尽量淡化孩子的攀比意识。

◎ 作息要规律

所谓生活规律,就是指一个人应有计划、有时间概念而且有节制地生活。在这方面,家长要给孩子做出表率,规律地生活,以保持旺盛的精力。不要工作起来忘了休息,而没事时又赖在床上不起来,或者是玩起来不分昼夜。让孩子养成定时学习、定时吃饭、定时休息的好习惯。

◎ 节制玩的时间

现在的孩子,能玩的东西实在太多了,电视、电脑、各种玩具、球类、棋类等,琳琅满目、丰富多彩。如果家长不加以限制,孩子会很容易陷入其中。因此,家长要注意控制孩子玩的时间,对孩子看电视、玩电脑的内容选择也要控制。要让孩子从小就知道,并不是自己想做什么就可以做什么,必须适当地节制自己的各种欲望。

◎ 节制孩子花钱的冲动

无论家庭条件多么优越，也不能孩子想买什么就买什么，让孩子花钱也要有节制、有计划性。

家长从小对孩子进行节制欲望的教育非常必要，只有节制自己，才会理性地对待社会上的各种诱惑。为人父母，一定要给孩子上好人生这关键的一堂课。

13 家长如何应对孩子的攀比心理？

情景回放

聪聪是个五年级的男生，以前学习成绩一直不错，对学习以外的事情也很少在乎。但自从五年级重新分班后，班上有几个孩子特别喜欢凑在一起，攀比各家住房的大小、私家车的款式、衣服鞋子的品牌等，聪聪也很受影响，回家后常跟父母聊起这些。父母带他去买衣服时，他开始为自己挑选"名牌"，父母觉得家里经济状况还不错，名牌就名牌吧，满足了他的虚荣心。

直到有一天，他以开玩笑的方式对父母说："咱家也换个车吧，捷达车太次了，我都不好意思跟同学说。人家起码也是个丰田本田啥的。"父母才觉得他的虚荣心有点过分了，再联系他最近的学习，成绩已经开始下滑，可能跟整天琢磨品牌有关，就批评了他，可他却满不在乎地说："你们落伍了，现在大家都这样啊！"

聪聪的这些表现是不是说明他虚荣心太强？家长该不该管管他？

关键点分析

可以说人人都会有虚荣心，都会有攀比心理，是不是所有的攀比心理都是不可取的呢？也未必。攀比不是不可以有，但要看比的是什么内容。如果在成绩、品质、精神等方面相互"较劲"，就属于良性竞争，是可以促进身心的健康与发展的，家长应该予以鼓励和支持。但如果只比生活中的物质享受，那就容易陷入不必要的烦恼，因为人的欲望是无止境的，有了好东西还会想要更好的东西，何时才是个头呢？小学生穿衣戴帽应该从实际需要出发，选择适合自己的，只要舒适、大方、整洁就行，不能盲目追求品牌。家里的房子、车子更是家长考虑的事情，孩子无需为此自寻烦恼。

小学生心理比较脆弱，世界观没有形成，容易受到外界思潮的影响和感染，一不小心就可能掉进错误的漩涡中而不能自拔。当身边的同学们都在盲目攀比的时候，孩子很难无动于衷，如果不跟着大家的想法走，会被认为"另类"，遭到耻笑或孤立。相信聪聪就是因为受了周围同学的影响，开始有了不正确的攀比心理，而且最初的虚荣行为并没有遭到家长的反对，而是轻而易举地得到了满足，于是才会越陷越深。其实，这样的攀比是会滋生烦恼的，而且会分散精力，影响学习进取心，是很不可取的，家长要及时发现，及时疏导，不能助长这种不健康的攀比之风。

关键帮助

家长首先要分清孩子的"攀比"是单纯的盲目攀比还是合理的要求。家长在面对孩子的合理要求时，要多站在孩子的角度想，考虑孩子这个年龄的特点，尊重孩子，理解孩子，设想孩子所处的环境，他周围的消费水平和大家整体的水平，不要盲目地谴责孩子攀比、追求虚荣。

不能用自己年轻时的标准要求孩子，要看到大众消费需求的进步。

但如果是盲目攀比，就一定要帮孩子克服，家长可以尝试下面的几个方法：

◎ 家长自己不要盲目攀比

家长自己要有平和的生活态度，在物质享受方面不要盲目追求高消费、品牌消费，特别是当着孩子的面最好不要流露出这样的攀比心理。家长的言行对孩子的价值取向有着非常直接的影响。有些家长就不太注意，常带着孩子去购物，购物时又明显是只认品牌不重实物，长期下去孩子也会受其影响，认为只有买好品牌的东西才是时尚，攀比心理和虚荣心就容易养成了。

◎ 引导孩子正确"攀比"

家长要从正面引导孩子与同学们比学习，比毅力，比品质，比能让人上进的那些方面，这是人生需要积累的珍贵财富，一旦拥有，终生受益，且是别人拿不走、抢不去的。家长可以把这些方面表现出色的同学当例子，大加赞扬，让孩子在心里萌生与这些同学竞争的想法，也去努力拥有这些品质，这是良性的竞争和攀比，孩子思想端正了，就不太容易受盲目攀比心理影响了。

◎ 家长要坚持原则

当孩子表现出不恰当的攀比心理时，家长的态度要明确，不要模棱两可。衣服鞋子合适就行，即使旧了，只要能穿，就不要马上换新的；文具要备齐，但不可攀比功能多少、品牌怎样。家长不要一看孩子生气、不满，马上就心软，就赶紧满足他的愿望。要知道，一旦他首次得逞，以后还会如法炮制，而且会不断升级，影响身心健康发展，也会让家长陷入两难境地。

◎ 家长要控制孩子的交往对象

家长要注意控制孩子的交往对象。俗话说"物以类聚，人以群分"，跟什么人在一起就会学成什么样儿。家长可以让孩子经常跟爱学习、积极进取的同学和朋友在一起交流，谈论的话题主要集中在学习经验的探讨和阅读书籍的选择上，或者谈论在集体活动中的进取表现，这些谈话会是积极、向上的，对孩子的影响也是正面的。另一个非常好的方法是：家长在假期可以陪孩子去艰苦的农村，和农村孩子生活一段时间，与孩子一起体验吃苦的感觉，这样会让孩子更珍惜当下的生活。

孩子爱打扮，是好事还是坏事？

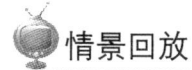

腾腾升六年级了，功课越来越紧，家长也越来越焦虑，小升初是一个关卡，升不了好中学、进不了实验班，以后的路就会很难。但腾腾却没操这份心，依然我行我素，该干什么干什么。早晨起床后，妈妈让她整理一下自己的房间，她说"没时间，马上就要上学了，根本来不及"。妈妈让她背几个英语单词，她也说"早上时间紧没心思背"。但她却用好多时间在梳洗打扮上，每天还长时间地照镜子，看看脸上的油是不是抹匀了，衣服是不是穿漂亮了，发型是不是时髦了。

妈妈看她这样，真怕她"学坏了"，而且影响学习成绩，就悄悄跟她的班主任沟通了情况，可是班主任却说腾腾学习成绩一直比较稳定，没见异常。妈妈看不惯腾腾注重打扮，想拿成绩单说事还未果，一腔怨气无法发泄，怎么对待腾腾才合适呢？

关键点分析

六年级的腾腾，已经开始有了青春期的审美要求，家长应该予以理解。正在走向青春期的孩子，期望体现自己的个性，渴望独立与被尊重。打扮自己实际上是一个增加自信的过程，是一个树立自己个性特点的过程，他们希望通过打扮突显自己的审美情趣，吸引更多人关注。俗话说，爱美之心人皆有之，很多孩子，特别是女孩子，从小就爱漂亮，进入青春期更容易注重打扮，希望自己变得更漂亮。其实爱美不能算是错，也不能因为孩子爱打扮就认定其"学坏了"，认定要影响学习了，于是就一味地强行约束孩子的衣着打扮，这样往往适得其反，孩子更加逆反，更要"臭美"。

还有些家长反映："孩子不知道跟谁学的，弄得跟小妖精似的，不伦不类，让人哭笑不得。"这种现象也常见。小学生阅历不多，接触审美实践也不多，因此审美取向很可能也有失偏颇，有时会让成人觉得很怪异，家长就会嘲笑讽刺带挖苦，有时甚至是责骂。仔细想想，谁不是从无知到有知、从懵懂到成熟？什么是真正的美？怎样打扮才亮丽？孩子能弄明白这些，自然就美了。

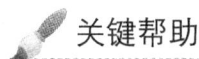

关键帮助

◎ 爱打扮是个好现象

家长要改变观念，爱打扮并不是件不好的事情。爱打扮是心态阳光的表现，美在不同的阶段有不同的表现，家长和孩子对美的理解是不一样的，不要用家长的审美观去要求孩子。好的成分要大于坏的成分。让有利的成分发挥最大作用，让不利的成分不发挥作用，是家长的重要课题。如果一个小学生不注意外表，表示他对生活缺少激情，对生活不乐观。孩子爱打扮本来是个好现象，家长主要是正确引导，把追求外表的美，变成一种自信，变成一种对外界的影响力，变成对自己的严格要求，这是件非常好的事情。

如果家长把孩子爱打扮简单地归结为"臭美"，就可能伤害了孩子的自尊心和追求美的天性。

◎ 引导孩子了解美的内涵

家长要引导孩子真正了解美、欣赏美、实践美。孩子可塑性很强，自尊心也很强，有了爱美之心却未必理解美的内涵，打扮自己时就可能无的放矢，只知道模仿别人，或自己瞎琢磨，既浪费时间，也未必有好的效果。

孩子小的时候，大多是父母为其操心穿衣打扮，孩子只是被动接受者，家长在这个阶段就该对孩子起一些潜移默化的作用，根据孩子的年龄及自身性格特点来装扮孩子，突出自然美和健康美，注重衣着的整洁朴素、大方得体，不要把孩子打扮得太另类，或超出孩子的实际年龄。家长可以经常与孩子交流，到底什么样的外表或风貌才是美，到底该怎样打扮自己才能真正体现自己的气质，才不至于被人当成另类。家长与孩子在这些方面达成一致后，就不用每天为穿什么衣服、梳什么发型而纠缠不清，孩子花在穿衣打扮上的时间和精力也会省去很多。

◎ 引导孩子注重内在美

告诉孩子：广义的美不仅指外表的美，还应该包括自身修养及个性气质。因此，掌握知识、学习文化，让自己的内心世界丰富起来，在学习中找到乐趣与成就感，增强自信，才能使自己显得更美。家长带孩子与别人交往时，尽量不要太多关注别人的外表，而是突出行为规范意识，突出才艺特长等，让孩子明白：美是全方位的，不仅仅是外表。

◎ 做通孩子的思想工作

如果孩子确实已经陷入了只爱打扮、不爱学习、心思浮躁的状态，家长需要耐心地做思想工作,要在尊重孩子人格的前提下,和风细雨地与孩子交流,不要把"恨铁不成钢"的怨气一下子全撒在孩子身上,要以理服人,以情动人,真正走进孩子内心,帮助孩子克服心理上的偏误,走出极端"爱美"的误区,把握好打扮自己的"度",开心快乐地投入学习与生活中去。

15 如何预防孩子的"城市病"?

情景回放

阳阳今年9岁半了,读小学四年级。在父母眼里,阳阳一直是一个懂事、听话的好孩子,虽然性格有些内向、不太爱与人交流,但无论是学习还是生活,基本不用父母操心。

可是,最近一段时间,阳阳的脾气突然变得暴躁,无缘无故乱发脾气。老师反映阳阳在学校里还经常和同学吵架,上课注意力也不集中。

现在,阳阳越来越不愿意上学了,并且对什么事情都表现得没有兴趣,更不愿意与人交流,整天窝在家里不愿出门。星期一早上,妈妈刚把阳阳送到学校门口,阳阳就说肚子疼,妈妈只好带阳阳到医院,可检查结果是阳阳根本没有任何器质性异常。医生认为阳阳得的是"心病",主要是学习压力过大,内心自卑、压抑,已经患上了儿童抑郁症。

阳阳的父母非常困惑,这么小的孩子怎么会抑郁呢?

关键点分析

抽样调查表明:30%左右的中小学生存在心理异常表现,其中一半左右患有心理疾病。这太令人吃惊了,现在的孩子生活条件好得简直没得说了，无论是吃的、用的、穿的、玩的，要什么有什么，为什么还会得心理疾病呢？

其实，抑郁症只是孩子"城市病"中的一种，"焦虑"、"肥胖"、"不安全感"、"紧张压抑"、"盲目自信"、"抗挫折能力差"、"自私"，甚至还出现了更令人可怕的"儿童癌症"等，太多太多的"城市病"在不断地降临到无辜的孩子们身上，"宅男宅女"就是这样练成的。究其原因，有如下几个方面：

一是城市的居住多以单元楼房为主，具有"封闭式"的特点，孩子和邻居几乎都不认识，这种环境大大限制了孩子与社会接触的时间和空间，也限制了孩子与别人接触交流的机会。

二是城市人口过于集中，流动人口众多，工厂、车辆、楼房较乡村也多，带来的大气、噪声、眩光的污染严重。

三是城市生活质量的提高，使孩子们过早地、大量地接触了电视、电脑、手机等电子产品，孩子被电子尘埃和电子微粒污染包围，加之房屋装修产生的有害气体，影响了孩子的中枢神经和免疫功能。

四是城市饮食条件相对较好，保健品、营养品盛行，垃圾食品充斥着孩子的生活，孩子挑食、偏食现象严重，造成孩子营养过剩、早熟或维生素摄入不足。

五是在城市中，家庭对孩子的期望值太高，过早教育、过度开发的现象严重，使孩子的学习压力太大。

六是城市的孩子缺少运动，不注意锻炼身体，户外运动很少，接受"日光浴"的时间很短，身体抵抗力太差。

那么，究竟该如何帮助孩子远离"城市病"的阴影呢？

关键帮助

家庭是孩子的"心灵港湾"，父母是让孩子远离"城市病"最好的医生。

◎ 营造轻松愉快的家庭氛围，多让孩子独立参加活动

为了孩子的健康成长，父母要注意给孩子创设一个民主、和谐、轻松、愉快的家庭环境。要经常平等地和孩子交流、沟通，分享孩子的喜怒哀乐，让孩子感受到家庭的融洽、温暖。另外，家长也可以多让孩子独立外出，离开家庭，去参加一些社会和集体的活动，比如夏令营、冬令营、特别训练营之类的活动。

◎ 均衡营养

在孩子的饮食方面，父母要注意膳食营养的均衡。一日三餐，肉类、蔬菜、水果搭配适当，多吃五谷杂粮，少吃过于精细的食物，不挑食、不偏食，让孩子营养全面。尽量让孩子远离或少吃垃圾食品，更不要用保健品、营养品来代替三餐。良好的饮食习惯与合理的饮食结构，是预防"城市病"的关键。

◎ 多带孩子外出

利用节假日、周末的休息时间，父母尽量带孩子走出家门，到公园、郊外呼吸新鲜空气，多为孩子提供与人交流的机会。多利用早晨、晚上空闲的点滴时间，带孩子跑跑步，打打球，锻炼锻炼身体。

◎ 对孩子的期望值适当

对孩子的学习，家长的期望值不要太高，尽量减轻孩子的压力。可以根据孩子的兴趣爱好发展孩子的个性特长，但不要对孩子过度纵容或是太过苛求。

◎ 尽量减少各种电子污染

家长要适当控制孩子使用电子产品的时间，看电视、玩电脑，要与屏幕保持一定距离，时间不能过长；尽量不让孩子用手机，如果用，时间越短越好；家庭装修尽量简洁，房间里多放几盆绿色植物。

延伸阅读

编辑的话 亲爱的读者，感谢您选择了这本书。如果没有您，这凝聚了作者与编辑心血的作品，就太寂寞了。

《王金战育才方案——
学习哪有那么难》

半年热销 50 万册，雄踞教育类图书排行榜第 1 名
一位超级教师的育才奇迹，他的方法竟如此简单

王金战用实践证明了"没有教不好的孩子"，而他的方法却如此简单。他的每个精彩故事都融入了深刻的教育智慧和独特的王氏幽默，告诉我们：差生和优等生之间只隔着一层窗户纸，而它随时可以轻轻捅破。

他的教育方法适用于所有的中国家长和老师，也能启迪所有的学生找到自己身上巨大的潜能。

作者：王金战　定价：28.00 元　ISBN：978-7-301-15137-2

《究竟什么样的孩子
适合留学？》

金牌教师王金战与美国名校讲师精英强强联合
深度解析成功拿到理想 offer 的方法诀窍
全面揭示快速融入美国高校的生存法则

为什么要留学？如何更好地规划留学？孩子的个性和能力适合选择什么专业？孩子的职业理想与专业不一致怎么办？

金牌教师王金战与美国名校讲师、赴美留学精英强强联合，从孩子的学习成绩、兴趣爱好、个性特长、人生理想等一系列因素出发，做出全方位的精准分析，帮助你找到最适合孩子的留学方案！

作者：王金战、刘媛媛　定价：32.00元　ISBN：978-7-301-18379-3

怎样才能找到王金战？

金战家庭教育网：http://www.wangjinzhan.com
王金战新浪博客：http://blog.sina.com.cn/wangjinzhan/
王金战电子邮箱：wangjinzhan100@sina.com
宽高学习网：http://www.kgedu.net
宽高教育：http://www.kgedu.com
金战热线：400-678-3963

《培养最具竞争力的中学生》

聚焦中学生家长备感困惑、焦虑的 77 个典型问题
"高考战神"王金战和你一起陪孩子走过中学 6 年

孩子能否具有竞争力,真正比拼的是家长的智慧和沟通技巧。

懒惰、追星、攀比、早恋、网瘾、贪玩、偏科、厌学……书中选取了 13~18 岁中学生家长普遍遭遇,同时也是最感困惑、焦虑的几十个典型教育问题,引导家长如何有效地与孩子进行良性沟通,在给孩子尝试生活权利的同时,提升孩子的竞争力。

作者:王金战 等　定价:32.00 元　ISBN:978-7-301-19131-6

《培养最受欢迎的孩子》

聚焦 0~6 岁儿童家长最困惑、焦虑的 70 个问题
"成长设计师"王金战帮你的孩子赢在学龄前

王金战老师在书中深度解析了幼儿阶段的教育重点,首度提出了情商和智商深度结合的新概念——"受欢迎",告诉家长,孩子的性格、习惯是立足之本,得到更多人的认可是成长的动力,让孩子成为一个受欢迎的人,健康地度过快乐、有趣的一生。

作者:王金战 等　定价:32.00 元　ISBN:978-7-301-16851-6

更多好书,尽在掌握

大宗购买、咨询各地图书销售点等事宜,请拨打销售服务热线:010-82894445

媒体合作、电子出版、咨询作者培训等事宜,请拨打市场服务热线:010-82893505

推荐稿件、投稿,请拨打策划服务热线:010-82893507,82894830

欲了解新书信息,第一时间参与图书评论,请登录网站:www.sdgh.com.cn

小兔打碎了几只杯子

春节快到了,兔妈妈让小兔去商店买一些杯子回来用。这是小兔第一次独立帮妈妈做事,别提心里有多高兴啦!在妈妈的再三叮嘱下,小兔蹦蹦跳跳地出门了。

他来到超市选来选去,终于选好自己喜欢的杯子,正准备到收银台去付款,他一跳,没想到把旁边货架上的一摞玻璃杯碰掉了,只听"哗啦啦",一堆碎片堆在了地上。小兔急得直挠头,连忙向服务员小狗赔礼道歉,并表示愿意照价赔偿。但现在有一个问题把小狗和小兔都难住了:他们都不知道一共打碎了多少个杯子,这可怎么办呢?

周围看热闹的小动物越来越多,大家七嘴八舌地出谋划策。这时围观的小猴对小兔说:"我有个办法,能让你知道打碎了几个杯子,按个数赔钱,这样你就不会被'黑'了。"说完,他凑近小兔的耳朵嘀咕了一阵。这时小兔的脸上也露出了兴奋的笑容。

小朋友,你知道聪明的小猴想出的是什么好办法吗?

答案: 让小兔先称量一个杯子的重量,然后称出所有碎杯子的重量,再用总重量除以一个杯子的重量,就可以算出有多少个杯子。

正负数的小秘密

亲爱的小朋友,你知道正负数吗?相信你肯定知道整数、小数和分数,在我们数学大家族中还有两位新朋友,它们分别叫"正数"和"负数"。现在就让我们一起去认识他们吧!

"什么?什么?你说的是负数吗?我们俩可要好啦!"咦,小朋友你听到了吗?"负数"的好朋友"正数"也来了。原来是"正数"听到大家在议论"负数",他就不乐意了,看来要说到"负数"还真的要提起"正数"呢!这是什么原因呢?让我们一起去看一个故事吧。

很久很久以前,在一个遥远的乡村里,有两户人家,他们主人的名字分别叫做"正"和"负",平时正和负相处得可好啦!

一天正和负正在聊天儿,有一人走过来问正和负:"你们的家在哪里?"正抢着回答:"我们两家有条分界线,那就是'0',只要在0以上的地盘都是我'正'来管,只要在0以下的地盘都是'负'来管。人们常常说我们相反的原因是:0以上由我来管的都是很热的,0以下由负来管的都是很冷的,所以人们说我们是一对相反的朋友。"

负也抢着说:"是啊!是啊!不仅热冷由我们来表示,在人们的日常生活中也常常出现我们俩的身影。比如:小朋友参加知识竞赛的时候,答对就记做'+',答错就记做'-';人们的存折上,存钱时记做'+',取钱时记做'-';做生意时,如果经营盈利10000元就记做'+10000'元,如果亏本就记做'-10000'元……这些都用到了我们这对相反的朋友。"

小朋友,你瞧这兄弟俩在我们的生活中多重要啊!

周游小数王国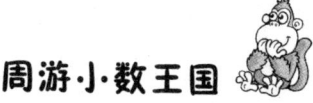

喜羊羊、美羊羊、沸羊羊要去数学王国游玩,可是去数学王国必须要先经过小数国,而现在小数国的卫士是大灰狼,这可怎么办呢?

喜羊羊、美羊羊、沸羊羊想来想去,终于跟大灰狼谈妥了这样一个条件:"在小数国的每一道门前,只要他们回答对了大灰狼提出的每一个关于小数方面的问题,就给它们放行;如果回答错了,就必须送上一只羊给大灰狼当美餐。"

大灰狼的第一个问题来了:"请举例说出小数的意义,并说出每相邻的两个小数之间的进率是多少。"

"哈哈!这个太简单了,一位小数就表示十分之几,两位小数表示百分之几,三位小数表示千分之几……比如0.2就表示2个十分之一,也表示1个十分之二;0.13表示13个百分之一,也表示百分之十三。每相邻两个小数的进率和整数之间的进率是一样的,进率是10。"三只羊几乎是异口同声地回答出了这些问题。大灰狼的阴谋没有得逞,只好乖乖放行。

三只羊高高兴兴连蹦带跳地来闯第二道关了。"请说出 0.3 千克、0.30 千克和 0.300 千克一样重吗?4.520 吨和 4.502 吨一样重吗?为什么?"

这一次它们可没有那么快就判断出来。喜羊羊说:"对于前一问,我觉得一样重,因为后面都是0。"美羊羊说:"我觉得不一样重,你想,0.3 是一位小数,0.30 是两位小数,0.300 则是三位小数,大小不一样。"沸羊羊说:"我也觉得是一样大的,虽然它们的小数位数不一样,但十分位上的数字是一样的,其他数位上的数字都是0,对大小不影响。"三只羊在思考、交流了很长时间之后,最后统一了意见,由喜羊羊作为代表来发言。

"它们是一样重的。因为 0.3 千克 = 300 克,0.30 千克 = 300 克,0.300 千克 = 300 克,所以它们是一样重的。而 4.520 吨与 4.502 吨,它们的大小就不一样,4.520 > 4.502,虽然它们的个位与十分位上都一样,但百分位上不一样,百分位上哪个大,哪个数就大。"喜羊羊很圆满地回答了这个问题。

凶恶的大灰狼一听喜羊羊回答得如此完整,再想吃羊也不能不讲理呀,所以只好让三只羊通过了。

三只羊边走边商量着如何去闯第三关。走着走着,它们一抬头只见眼前一个大牌子,上面清晰地写着:

(1) 化简 3.10、15.0200、103.0000;

（2）把1.01、40、65.3变成四位小数；

（3）判断并举例说明为什么：①小数点后面添上"0"或去掉"0"，小数的大小不变。②小数的末尾添上"0"或去掉"0"，小数的大小不变，计数单位也不变。

看着第三道题，小羊们心想，看来大灰狼这次真是黔驴技穷了，前两关没吃上羊，这次加大难度和题量了，于是三只羊相互鼓励，这次采用一起开动脑筋、各个击破的方法，各自分担一项任务，约定好了在回答的时候谁都不能出错，要齐心协力对付这个诡计多端的大灰狼。

这次是美羊羊先回答的。"第一道题既然是化简，肯定是把三个小数变成最简的小数，把每个小数末尾的0去掉就可以了，在小数中间的0坚决不能动。所以我化简的结果是：3.10 = 3.1，15.0200 = 15.02，103.0000 = 103。"美羊羊很自信地说。

沸羊羊说："第二道题要把它们变成四位小数，在每个小数原有的位数后面添0，差几位就添几个0。比如1.01现在是两位小数，还差2位才够四位小数，那就在小数的末尾添上两个0；再比如40是一个整数，它的小数点被省略了，在40的后面点上小数点再添上四个0。所以这道题的结果是：1.01 = 1.0100，40 = 40.0000，65.3 = 65.3000。"说完沸羊羊脸上露出成功的喜悦。

现在信心百倍的喜羊羊要出场了，它负责的题目最难，它也在心里提醒自己千万不能说错了，三只羊的身家性命全在这道题上了。

喜羊羊说:"第三道题的两个表述都是错的,下面我要逐一说明为什么错。第一个,在小数点后面添上0或去掉0,小数的大小肯定会变。比如3.2在小数点后面添上0就变成了3.02,这样3.2>3.02了;0.051如果在小数点的后面去掉0,就变成了0.51,这样0.051<0.51了,所以添上0或去掉0直接影响小数的大小。第二个,前半部分'小数的末尾添上0或去掉0,小数的大小不变'是对的,错误出现在后半部分'计数单位也不变',这句话有问题。比如4.3与4.30,这两个小数的大小是一样的,但计数单位却不一样了,4.3的计数单位是十分之一,4.30的计数单位是百分之一。因此第二个表述也是错误的。"门卫大灰狼听三只羊陈述得如此准确无误,只得乖乖地放行了。

走出小数王国,三只羊虽然累得大汗淋淋,但特别高兴,因为它们用集体的智慧战胜了大灰狼。

智慧老人卖西瓜

暑假里的一天中午,天气十分炎热,池塘边大树上的知了叫个不停。树下,智慧老爷爷手拿芭蕉扇,悠闲地摇着,他的面前摆着8个大西瓜,在等着小朋友们来买。你瞧!老爷爷把西瓜摆得多整齐呀!今天智慧老人不仅要卖西瓜,还要考考小朋友呢!他在心里盘算着:如果哪个聪明的小朋友能回答对了我的问题,我的西瓜可就送给他了;如果回答错了,那我的西瓜就要卖他贵一些。

共48元

就在智慧老爷爷得意地想着时,小朋友"淘气"来了。

他想买两个西瓜,老爷爷一听心里美滋滋的,说:"可以,但你要把每个西瓜的价钱算好,算错了,我可是要卖高价的。"

淘气一听,眼珠滴溜溜一转,说:"一个西瓜的价钱是 $48÷8=6$(元);买两个西瓜的价钱是 $6×2=12$(元)。"

智慧老爷爷见淘气这么快就口算出来,只好实现诺言,把两个西瓜送给了淘气。淘气正想抱着西瓜走时,红红来了,她也想买两个西瓜。智慧爷爷说:"等等,今天我也要考考红红。"说着,他转过脸来对红红说:"你必须用跟淘气不一样的方法算出你应该付多少钱才行!"

红红一听,两眼直直地看着这堆西瓜,绞尽脑汁地想着办法。哈哈!好主意终于来了,她说:"我先把这堆西瓜沿着横的方向一分为二,这样每份正好是4个西瓜的价钱,再把4个西瓜一分为二,每份正好是两个西瓜的价钱啦!因此我的算式是 48÷2＝24（元），24÷2＝12（元），两个西瓜正好是12元。"

智慧老爷爷伸出大拇指，赞赏地点着头说："你们真是了不起，我都没有难住你们，你们用了各自不同的方法算出了两个西瓜的价钱，现在爷爷也把这两个西瓜送给红红。"说完老人爽朗地大笑起来。

就在这时，明明也来买西瓜，他一蹦一跳地跑了过来，说："爷爷，我也要买两个西瓜，你就送我两个西瓜吧！因为我用跟他们俩都不相同的方法已经算出我的西瓜要付多少钱了。"

小朋友，你瞧明明多自信呀！他这么快就用不同的方法算出来了，你知道他是用什么方法算的吗？

答案：从竖的方向看，把西瓜分为4份，每份正好是两个西瓜，这样就得到两个西瓜的价钱啦！算式：48÷4＝12（元），小朋友，你看看多简单呀！

采松果中的数学问题

冬天来了，松鼠妈妈让她的两个孩子去采一些松果准备过冬。妈妈说："我们家要准备120千克松果，你们要在3天之内完成任务。大松鼠每天要采25千克松果，那么小松鼠每天要采多少千克松果？"

两只小松鼠开始使劲地算啊算啊！小朋友，你会算吗？其实这个问题可简单啦，可以有很多种方法来解决。

可以这样想：要想知道小松鼠每天采多少千克，必须把他们兄弟俩每天一共要采多少千克的松果算出来，也就是用总数÷天数＝每天一共所采的千克数，然后再用每天所采的千克数减去大松鼠每天采的千克数，就是小松鼠每天采的千克数。这道题最后的算式是：$120÷3=40$（千克），$40-25=15$（千克）。

还可以这样想：先把大松鼠3天共采多少千克的松果算出来，再用松果的总重量减去大松鼠3天采的重量，就是小松鼠3天一共要采的千克数，然后再平均分给3天，就求出小松鼠一天采的松果数。这种算法的最后算式是：$25×3=75$（千克），$120-75=45$（千克），$45÷3=15$（千克）。

除了上面两种算法以外，还可以用列方程的方法来解决这个问题。如果我们把小松鼠每天采的松果重量设为 x 千克，那么小松鼠3天就采了 $3x$ 千克，大松鼠3天采的重量为 $25×3=75$（千克），这样他们俩采的重量之和正好是松鼠妈妈让孩子采的120千克，所以这道题的等量关系就轻松地找到了。因此可以这样列出方程：

$$3x+25×3=120$$

$$3x=120-75$$

$$3x=45$$

$$x=15（千克）$$

小朋友，你看多简单呀！不过在每种算法算完以后千万不要忘记写出最后的答语！这几种不同的算法你学会了吗？

摸球比赛

今天天气特别晴朗，动物园里也装扮一新，彩旗迎风招展，马上要在这里举办一场别开生面的摸球比赛啦！两位选手小猴和小兔也早早地来到擂台前严阵以待。

大象裁判准备了一个大盒子，在盒子中放了3个红球，5个蓝球，7个白球。过一会儿小猴和小兔的摸球游戏就要开始了，你瞧小动物们都来凑热闹，在每位选手的身后都已经站满了拉拉队员，大家都在期盼着各自的选手能取得本次活动的第一名呢！

在电子屏幕上清晰地显示着本次比赛的游戏规则："每人只能摸3次，谁能摸到红球，谁就能得到奖励。"

随着大象裁判的一声令下，第一局开始了。这次是小猴先摸的，他一伸手就摸到了红球；小兔也开始摸了，他看到小猴一次就摸到了红球，心里压力特别大，他用小手在盒子里使劲地搅一搅，然后闭上眼睛一拿。哇——怎么是白球呀？小兔懊恼地低下了头，连身后的拉拉队员们也跟着叹了口气。大象裁判忙安慰说："不要紧，还有两次机会呢！"接着大象裁判宣布："第一局小猴获胜！"

第二局开始了,这一次是小兔先摸了。只见小兔闭着眼睛,抿着小嘴,把小手伸进去一拿。呀!太可惜了,怎么是一个蓝球啊?小兔急得直跺脚,身后的拉拉队员都在为小兔惋惜。这时小猴很自信地摸出一个球,松开手一看,"耶——红球!"连小猴身后的拉拉队员们都在惊呼。小猴又摸到了红球,大象裁判再次宣布:"第二局获胜者为小猴!"

第三局开始了,这次应该轮到小猴先摸了。他看着小兔如此懊恼的样子,心想应该"友谊第一,比赛第二"。于是他主动让小兔先摸。"小兔呀小兔,这一次你可一定要抓住机遇了。"表情很紧张的小兔在心里默默地念叨着。只见小兔十分认真地把小手伸进盒子里,为了让自己摸球能公平一点,他又在盒子里用力搅一搅,然后伸手一拿,结果这次摸到的又是白球。垂头丧气的小兔没精打彩地瘫坐在板凳上,小猴无论这次摸到什么球,都是获奖者了。正在小兔十分气恼的时候,突然听到场地一片哗然,原来小猴又摸到了红球。

这时大象裁判走过来拉起小兔说:"这次比赛说明小猴不仅运气好,而且这里面还有一定的数学道理呢!你回去再好好揣摩揣摩吧!"

接下来大象最后宣布:"本次比赛小猴获胜!"

小兔听了大象刚才的话,端起盒子跑到一边琢磨起来了。经过反复试验,它终于找到了答案。在这个盒子里,一共放进了15个球,其中红球有3个,那么红球就占球总数的1/5,也就是说能摸到红球的概率是20%。然后,他又根据这个答案摸了 20 次，果然，一摸就摸出了 4 次红球。他把这个重大发现告诉了大象，大象说："是呀，这就是数学中的概率问题，现在你要好好学习，将来用自己的聪明才智来战胜别人。"

小朋友，这就是在游戏中蕴藏的数学小知识，相信只要留意观察，在你身边的小游戏中一定会用到更有趣的数学知识。

小动物巧算除法

今天的数学课上，大象老师给小动物们准备了一道除法的计算题，看上去很简单：$360 \div 12 = ?$ 大象老师让小动物们在组内合作，用不同的计算方法来完成。于是小动物们自由组合在一起，开始研究、讨论。

不一会儿，小狗组汇报了他们组的解法：

$360 \div 12 = 360 \div (6 \times 2) = 360 \div 6 \div 2 = 60 \div 2 = 30$

这时小兔组也举手发言了："我们组的解法跟它们的不一样。"大象老师一听，很感兴趣说："那你们赶快来说说看！"

小兔组汇报解法：

$360 \div 12 = 360 \div (4 \times 3) = 360 \div 4 \div 3 = 90 \div 3 = 30$

只见猫头鹰组也已高高地举起了小手，我们去听听他们的算法吧：

$360 \div 12 = (360 \div 6) \div (12 \div 6) = 60 \div 2 = 30$

梅花鹿组的代表也举手发言，说他们的计算方法跟其他组不一样。梅花鹿大声汇报着：

　　360÷12＝（360÷4）÷（12÷4）＝90÷3＝30

　　最后小猪组也慢腾腾地说："我的算法跟他们也不一样，我觉得我的最简单了。"大象老师一听，说："大家请仔细听好小猪的发言。"

　　360÷12＝（240÷12）＋（120÷12）＝20＋10＝30

　　最后，大象老师表扬了各位同学很爱动脑筋，认真思考："同学们今天表现得都不错，这么快就给出了那么多种不同的算法。"小朋友，这些方法你想到了吗？除了上面这些算法以外，你还有其他算法吗？

试一试

　　小朋友，你也来小试一下吧。

　　　　540÷18＝？　　　480÷16＝？

小兔请客中的简便计算

　　春节到了，小白兔请他的好朋友到家里做客并发红包：鼠哥哥拿到54元，猴哥哥拿到47元，狗弟弟拿到43元，小猪弟弟拿到36元。你能算出小兔一共发了多少元红包吗？

　　这道题的算式很简单，只要把4个数加起来就可以了，列式是：54 + 47 + 43 + 36 = 180（元）。

在计算结果时，如果按顺序依次相加，计算就比较麻烦，有时还会出错。观察一下各个数字后会发现：鼠哥哥和小猪弟弟红包的两个数字加起来正好是 90，猴哥哥和狗弟弟红包的两个数字加起来也正好是 90，所以 90 + 90 = 180（元）。

可见，在整数的计算中，我们可以用"凑整法"。如果两个数的和恰好凑成整十、整百、整千、整万等，我们就把这两个数结合在一起，使得计算简单、明了。

小兔在春节期间不仅送出了红包，还招待了很多客人。小兔家今年的收成非常好，共收了 123 个红萝卜，招待客人吃了 77 个，那么小兔家还剩多少个红萝卜？

小朋友一看就知道，这道题肯定用 123 - 77，在减的过程中，我们可以把减 77 看成减 100，然后把多减的 23 在后面再加上，这样会使计算更简单。

　　　　123 - 77 = 123 - 100 + 23 = 23 + 23 = 46（个）

小兔还想请兄弟们帮个忙。虎大哥去年临走时拉了一车白菜送给它，上面写着一共有（25 × 125 × 32）棵，小兔到现在也没有数出多少棵。你能很快算出来吗？兄弟们有的在思考，有的在计算，小猪弟弟很快说出了答案。我们一起来看看小猪的计算过程：

　　　　25 × 125 × 32 = 25 × 125 × 84 =（25 × 4）(125 × 8)

　　　　= 100 × 1000 = 100000（棵）

看了小猪的计算，我们明白了：32 可以分解成 84，25 和

4 相乘是 100，125 和 8 相乘是 1000，100 乘以 1000 是 100000。

小朋友，数学的学习离不开计算，根据算式中各个数字的特点，找到巧妙的计算方法，会使你的计算又对又快哦！相信你能成为计算高手！

试一试

小朋友，你会用刚刚学习的巧算方法，巧算下面这几道题吗？

(1) 356 − 45 − 55 − 56

(2) 1 + 2 + 3 + 4 + 5 + 6 + …… + 100

(3) 30000 ÷ 125 ÷ 8

答案：(1) 200；(2) 5050；(3) 30

智慧老爷爷的口算题

虹猫和蓝兔是一对好朋友，他们 6 岁时经常玩凑成 100 的游戏。比如，虹猫说 28，蓝兔就说 72；虹猫说 64，蓝兔就说 36……玩呀玩呀，100 以内加减法的口算就难不住他们了。7 岁时，他们的游戏升级了，能够利用乘法口诀计算简单乘除法了，如 49 = 36，40 ÷ 8 = 5 等。

时间过得真快！现在他们是小学六年级的学生了，口算的能力可强啦！一天，他们走进数学王国里，智慧老爷爷要考考他们，他俩一听乐了，笑着说："爷爷，您想难住我们，可没有那么容易。"智慧老爷爷乐呵呵地说："好呀！那现在就来试一试吧。"说话间，智慧老爷爷的第一道题目来了。

$$286 + 198 = ?$$

虹猫说："286 + 198，可以把 198 看成 200，多加了 2 再减去 2，这道题应该是 286 + 200 - 2 = 484。"瞧！多快呀，不仅说出了结果，还把怎么算的都说得清清楚楚。接着，第二道题目来了。

$$51 \times 25 = ?$$

这一回轮到蓝兔了，只见蓝兔不慌不忙地说："我们可以先算 50 × 25 = 1250，少算 1 个 25，那就再加上 25，所以 51 × 25 = 1275。""呵呵，又没有难住你们！"智慧老爷爷笑着说。紧接着下一道题来了。

$$0.25 \times 40 = ?$$

虹猫说："答案是 10。我们可以把 0.25 × 40 看成 25 × 40 等于 1000，乘数中有 2 位小数，在积里直接去掉 2 个 0，结果是 10。"。

智慧老爷爷说，下面有这样一道题："小明有 55 元钱，小红有 75 元钱，他俩平均每人有（　　）元钱？小红拿出（　　）元钱给小明，两人的钱就一样多了？"

虹猫说："他们一共有 130 元，平均每人有 130 ÷ 2 = 65

元，小红有 75 元，比平均数多 10 元；所以小红拿出 10 元给小明，两人的钱数就一样多了。"

蓝兔说："我是这样想的，根本不用算他们俩的总钱数，小明有 55 元，小红有 75 元，相差 20 元，把这 20 元平均分给两人，小明正好变成 65 元，小红也是 65 元。我们一眼就能看出，小红拿出 10 元给小明，两人的钱数就一样多了，这样更简单呢！"

智慧老爷爷听了两个孩子的回答，笑呵呵地说："孩子们，你们的想法都是正确的。刚才你们口算能力都很强，而且解题的思路也十分奇特呀。下面这道题可有难度啦！"

$(1+\frac{1}{2}) \times (1+\frac{1}{3}) \times (1+\frac{1}{4}) \cdots\cdots \times (1+\frac{1}{100}) = ?$

看到题目后，虹猫说："$1+\frac{1}{2}=\frac{3}{2}$，$1+\frac{1}{3}=\frac{4}{3}\cdots$"蓝兔说："$1+\frac{1}{100}$ 是 $\frac{101}{100}$，乘积的分子和分母可以约分。"经过思考，他们异口同声地说："约分后是 $\frac{101}{2}$，也就是 50.5。"

智慧老爷爷不禁对他们竖起了大拇指说："真是厉害！"智慧老爷爷特别高兴，就给他俩每人发了一个奖牌，授予"口算大王"的美称！

小朋友，要提高计算能力，必须从口算开始，要向虹猫和蓝兔一样，多进行口算训练，在训练中要动脑思考，掌握口算的技巧，培养自己的思维能力和良好的数感。相信在不久的将来，你也一定会成为"口算大王"！

你学会虹猫和蓝兔的口算方法了吗？下面也来试一试吧！

 **试一试**

(1) $526 - 299$

(2) $0.25 \times 80 - 10 \times 0.05$

(3) $(1 - \frac{1}{2}) \times (1 - \frac{1}{3}) \times (1 - \frac{1}{4}) \cdots \times (1 - \frac{1}{100})$

答案：(1) 227；(2) 19.5；(3) $\frac{1}{100}$

小狗会去应聘吗

小狗要去动物王国的计算机中心应聘，他想了解这个公司小动物们的工资收入的一般水平，于是就收集了该公司大部分员工上个月的工资收入情况，如下表所示。

姓名	职位	工资/元	姓名	职位	工资/元
老虎	总经理	6000	小驴	业务员	1600
大象	副总经理	5000	山羊	业务员	1600
白马	工程师	3000	小熊	业务员	1600
黑马	主管	2000	狐狸	业务员	1600
小猴	业务员	1800	小兔	杂工	1000

从上表来看，用哪个数据代表公司员工这个月工资收入的一般水平比较合适？

可以这样思考：先对表格中的数据进行分析，通过计算，可以得到这组数据的平均数是2520元。中位数是（1800＋1600）÷2＝1700（元）。在这组数据中，有的数据严重偏大，如6000元；有的数据严重偏小，如1000元。很显然，平均数2520元不能客观地反映这组数据的一般水平，而用中位数1700元代表该公司小动物们上个月的工资一般水平比较合适。

通过这样的分析，小狗立刻就能发现这个公司所有动物员工的一般工资水平，从而做出决定，是否去这家公司应聘。

小朋友，如果你要应聘一个公司，你知道该用什么方法判断这个公司的员工整体工资水平了吗？如果这个公司里的员工整体工资水平相差不大，那可以用平均数来反映；如果这个公司的员工整体水平相差太大，可以根据实际情况选用中位数或众数来反映。

巧看条形统计图

动物学校上三年级的牛牛与上四年级的羊羊一起去图画王国浏览。这里真漂亮啊，各种各样的图画真是令人目不暇接。

突然，一幅奇特的画进入了牛牛的视野。"咦！这是什么画？"牛牛好奇地问羊羊。

羊羊仔细一看："这个我认识，这是一幅复式条形统计图。你知道它为什么叫条形统计图吗？因为它是用一个个直条来表示数据的大小。"

牛牛一脸疑惑地问："那这幅图的作用是什么呢？"羊羊说："可别小看这幅图，它的作用可大着呢！从图中我们能清楚地看到数量的变化，可以知道最大量是谁，最小量是谁……"

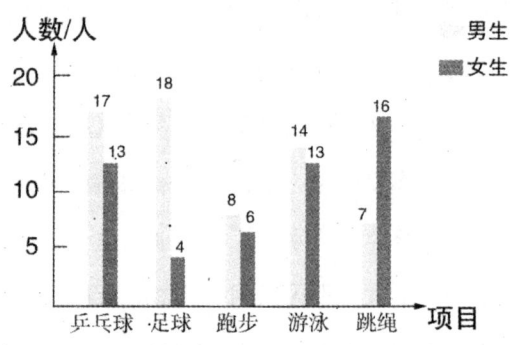

四年级同学运动项目统计图

"这两种不同的颜色代表什么呢？"牛牛不解地问。"两种颜色分别代表两个不同的群体。"牛牛恍然大悟道："我知道了，浅灰色代表男生，深灰色代表女生。""对，没错。图形右上角的那两个小方格所表示的就是这个意思，数学中称它们为图例。"羊羊不紧不慢地解释道。

羊羊像个小老师一样接着说："就是这么一幅复式条形统计图，里面包含了很多的信息呢！它上端的那个标题，说明了这幅图统计的是什么内容；下端的'项目'里很容易就能看清楚总共统计了五大项。"牛牛边听边不住地点头认可。

"从图中我们可以看出，四年级男生比较偏爱球类运动，喜欢乒乓球的有17人，喜欢足球的有18人。"羊羊指着图向牛牛说明着。

牛牛大叫一声："我明白了！你看，男生不喜欢的运动项目是跳绳，仅有7人喜欢跳绳。"

羊羊继续追问："你还看懂了什么？还知道了哪些信息？"
"我能看出，喜欢乒乓球的人数最多，一共有 17 + 13 = 30（人）；而喜欢跑步的同学最少，只有 8 + 6 = 14（人）。"牛牛接着说。

试一试

小朋友，这幅统计图还提供了很多其他的信息，你也来看看吧，你还知道了什么？赶快去告诉你的爸爸和妈妈，跟他们一起分享你的学习成果吧。

路灯里的数学

森林里的七个小矮人带着白雪公主在马路边散步，白雪公主第一次走在森林的马路上，她十分好奇地问小矮人："你们知道这条马路的两侧一共有多少盏路灯吗？"

一个小矮人说："我们边走边数，不就知道了吗？"另一个小矮人仔细看看路标说："如果不数，我也能知道。这条路总长1000米，每两个路灯之间的距离是20米，所以用1000÷20＝50，由于路的两端和两侧都安装了路灯，所以再用（50＋1）×2＝102，那么这条路两侧一共有102盏路灯。"

这时白雪公主又问道："那如果在我们住的小屋门前的那个圆形水塘边安装路灯，池塘的周长是60米，每隔12米有一盏红灯，相邻2盏红灯之间每隔3米有一盏黄灯，那么这个池塘边一共有多少盏红灯，多少盏黄灯？"

第三个小矮人想了想说："这个问题不难，可以这样思考——每隔12米有1盏红灯，所以共有5盏红灯，也就是把周长平均分成5段，每段中又能安装3盏黄灯，所以一共可以安装15盏黄灯。"

白雪公主听后使劲地点着头，她明白了，原来这就是植树问题，一种是在一条直线上植树，另一种是在圆周上植树，所以计算的方法也不一样。小朋友！我想此刻你肯定学会了吧！

试一试

（1）张师傅为建筑工地截取一段钢筋，这段钢筋全长为75米，现在要把这段钢筋截成1.5米一段，一共可以截成多少段？他截了多少次？

答案：50 段、49 次

（2）刘叔叔要在圆形的养鱼塘周围栽上树，鱼塘的周长是 200 米，每隔 8 米栽一棵，一共可以栽多少棵？

答案：25 棵

有趣的鸡兔同笼

星期天，大宝、二宝和三宝一起去农村的舅舅家度假。舅舅家饲养了许多小动物，其中兔子和小鸡最多，三个孩子看了可高兴啦！

傍晚，舅舅准备把兔子和小鸡都关进笼子里，于是，一个一个的铁笼子展现在眼前。

舅舅对于这样的工作太熟练了，不一会儿就把所有的鸡和兔都关进了笼子。看到一只只可爱的小鸡和兔子，大宝问舅舅："这一个笼子里装了多少只兔子和多少只鸡呀？"舅舅微笑着说："我正想考考你们呢！"

三个孩子都是班里的计算能手，听说舅舅要考考他们，都想一展身手，表现给舅舅看！舅舅的问题是："这一个笼子里鸡和兔子的总数是 20 只，它们共有 64 条腿，鸡和兔各多少只？"

三个孩子纷纷行动起来了，不一会儿，大宝和二宝就有了自己的答案。

首先发言的是大宝,他是这样思考的:用画图的方法可以解决这个问题。我们可以先把笼子里的动物都假设成鸡,这样的话,里面有 20 只动物都是两条腿(下面每个○代表一条腿)。

00 00 00 00 00 00 00 00 00 00 00 00
00 00 00 00 00 00 00 00 00 00 00
00 00 00 00 00 00 00 00

那么 20 只就有 40 条腿。40 条腿和 64 条腿不符,多出了 24 条腿(如上图,⦿代表多出来的两条腿),再把它添在上面。每只鸡身上添两条腿,由此可以看出兔子有 12 只,鸡有 8 只。舅舅听了,满意地点了点头。

二宝说他是采用计算的方法来解决的:思路和大宝的一样,但先把 20 只都当成兔,每只兔有 4 条腿,所以列成:20×4=80(条),然后再用 80 减去 64,80-64=16(条),这样多出了 16 条腿,是什么原因造成的呢?噢!原来是把两条腿的鸡看成了兔,这样每只鸡多看了 2 条腿,所以多出了 16 条腿,那么鸡正好是:16÷2=8(只),剩下的 20-8=12(只)是兔的只数。

听了两个孩子的发言,舅舅非常高兴,不由得向他们翘起了大拇指!坐在一旁的三宝想证实一下两个哥哥的答案是否正确,于是走近笼子数了起来,结果正如哥哥们的答案一样:12 只兔,8 只鸡。小朋友,你知道怎样解决鸡兔同笼的问题了吗?

在解决这类问题时,可以先把鸡和兔都当成鸡来解决,或者都当成兔来解决,再找出相差腿的原因,这样很快就能得出鸡和兔各有多少只了。这类问题还有一种算法也很简单,那就是把鸡或者兔设成 x 只,这样另一个动物的数量就是(总数 $-x$)只,然后根据题目中给出的等量关系列出方程,再进行计算。

米和厘米有多长

一天,小乌龟和长颈鹿一起出来散步,他们来到了一面围墙的旁边,长颈鹿把脖子一伸惊叫起来:"哇!里边有好多漂亮的花儿,还有你喜欢的清清河水。"乌龟就问:"在哪儿呢?我怎么看不见呀?"长颈鹿说:"你太矮了,所以看不见呀。"说到矮,小乌龟很苦恼,因为他确实很矮。

就在小乌龟非常懊恼的时候,不知不觉他们又走到了一个游乐园的门口。他们刚想进去,就被小狗保安拦下了,小狗保安说:"小乌龟可以进去,长颈鹿不可以,因为长颈鹿太高了。"接着,小狗保安指了指门口的警示牌——1 米以上要买门票。小乌龟心想:原来是身高问题呀!我的身高是 7 厘米,那么 1 米到底是多高呢?长颈鹿也不知道 1 米对他意味着什么,他和小乌龟问了同样的问题:"我们知道 1 厘米是多少,但是1米到底是多高呢?"他们俩都想找到问题的答案,所以就恳求小狗保安当一回他们的老师。

听说当老师,小狗保安可高兴啦!他说:"要想搞明白这个问题也不难,你们得和我一起做个实验。"长颈鹿和小乌龟一脸惊奇地回答:"我们很愿意!"

小狗保安带他们做的第一个实验是:和米尺比一比。只见小狗保安拿来了一把尺子,他说是1米长,然后让小乌龟和长颈鹿都和这个1米的尺子比比高。通过比的过程,小乌龟发现自己比尺子矮了许多,长颈鹿则发现自己比尺子高出许多,最终得出结论:小乌龟比1米矮,长颈鹿比1米高!

接下来小狗保安要带他们做第二个实验:用1厘米的小棒一一对接,一直接到1米长,一共用了100根1厘米的小棒。于是,他们得出另一个结论:1米=100厘米。小狗保安非常自豪地说:"现在你们知道1米是多少了吧!"两人异口同声地说:"1米=100厘米。"小狗保安的脸上露出了得意的笑容。小狗保安刚想休息一会儿,爱问问题的小乌龟又说了:"米用哪个字母来表示呢?"小狗保安说:"我得想想……厘米用cm来表示,米用m来表示。"听了小狗的回答,小乌龟高兴地笑了,因为他又掌握了一个新知识。

去了一趟游乐园,小乌龟和长颈鹿的收获可真不小,他们懂得了1米有多长,同时也了解到1米=100厘米。聪明的小朋友,你学到了什么呢?试一试吧。

试一试

(1) 填上合适的单位（米或厘米）。

一块黑板的长是 4（　　）

旗杆的高是 8（　　）

数学书的长是 18（　　）

茶杯的高是 8（　　）

答案：m　m　cm　cm

(2) 填上">"、"<"或"="。

10cm ○ 6cm　8m ○ 12m　100cm ○ 1m　7m ○ 7cm

答案：>　<　=　>

判断可能性大小

在小学阶段你学过一些判断可能性大小的知识。比如判断某一事件发生的概率，可能性是"一定"、"可能"或"不可能"。还有一些事件，可以根据条件用具体数字来判断发生的概率有多大，下面是几位同学对可能性大小进行判断，我们一起去看看他们判断得对不对。

【例1】小朋友参加乒乓球比赛，甲乙两人用"石头、剪刀、布"的方式来选场地，两人任意出拳一次，甲赢的可能性是$\frac{1}{2}$。

分析：这种说法是错误的，因为任意出拳一次，甲有三种可能——"赢、平、输"，同样的道理乙也有三种可能——"赢、平、输"，因此甲赢的可能性是$\frac{1}{3}$，乙赢的可能性也是$\frac{1}{3}$，并且可以得出，这种游戏规则对于双方都是公平的。

【例2】口袋里放着2个红球和1个白球，闭眼任意摸1个，摸到红球的可能性是$\frac{1}{2}$。

分析：这种说法是不正确的，它是从颜色上来判断的，认为两种颜色任意摸到一种的可能性就是$\frac{1}{2}$。正确的思考方法应该是：口袋内装有3个球，而红球的可能性是占了总数3个球中的2个，那么摸到它的概率（也就是摸到的可能性）就是$\frac{2}{3}$。

这种判断可能性的题目从小学低年级到高年级都有，只不过在低年级时只是简单地判断"可能"、"一定"或者"不可能"，而在高年级就需要判断出一件事发生的可能性大小，并用具体的分数来表示。切记：无论这种事件发生的可能性怎样，它的概率大小只能用0~1中的某个分数来表示，也就是说，概率发生的可能性最大不能超过"1"，最小不能小于"0"，它永远只能介于"0"和"1"之间。

巧算一笔账

期末考试后,老师让班长笑笑去超市买一些奖品,这次全班的小朋友考得都很不错,老师决定给每个小朋友发一支钢笔,于是笑笑买了 36 支钢笔。回来后,笑笑把发票和奖品一起交给班主任老师,结果班主任老师一不小心把墨水溅到了发票上,这可急坏了班主任老师。

现在发票上是这样的:36 支钢笔共用去( )68.( )元,两个括号分别表示的是被弄脏的数字,每个括号代表一个数字,且小数位不能为 0。小朋友,你能帮助班主任老师把这笔看不清的账弄清楚吗?

乍看到这道题可能不知道该如何下手,千万不要用一个一个数去试,那样很费时、费力。其实,只要稍一动脑筋就能发现解决问题的方法,利用倍数和因数的特点来解决这个问题是很简单的。首先考虑小数对应的整数( )68( ),它肯定是 36 的倍数,并且除以 36 没有余数,而 36 = 4×9,这个数肯定既是 4 的倍数也是 9 的倍数。

从倍数特征来思考 68( ),这三位数的末尾肯定能被 8 整除,则( )可能是 0,也可能是 8;再从 9 的倍数特征来考虑,每个数位上的数字之和能被 9 整除,这个数就能被 9 整除,现在可知,只要( )+6+8+0 或 8 是 9 的倍数即可,在这里如果是 0 的话,前面第一个数就是 4,这肯定不符合题意,那只有是 8,这样第一个就是 5。所以这笔账应该是 568.8 元。

图形计算中的玄机

在计算环形面积时,不一定要算出两个圆的半径是多少,只要算出"R - r"等于多少,即可算出环形的面积。其实在图形面积计算时也有很多情况下可以使用这种方法来计算,现在就让我们一起去看看。

【例1】右图,以三角形的三个顶点为圆心,分别画半径是 1cm 的三个圆。求阴影部分的面积之和。

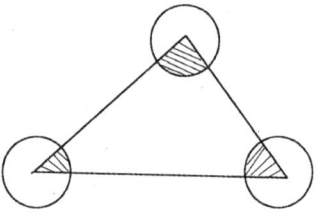

我们可以这样思考:如果把这三个阴影部分的面积分开来看是无法算出结果的,但是如果把它们当成一个整体来看,就十分简单了。纵观本题三个阴影的面积总和是一个大扇形,它们的圆心角分别是三角形的三个内角,和是 180°,试想如果我们把各阴影部分的面积拼凑起来,正好能得到一个半圆的面积,因此阴影部分的面积 = $1^2 × 3.14 ÷ 2 = 1.57$(cm²)

【例2】下图是一个大圆含有三个大小不等的小圆,这些小圆的圆心在大圆的同一条直径上。已知大圆的周长是 10cm,

求这三个小圆的周长之和。

我们可以想：要求三个小圆的周长之和，只要用公式"π×d"求出三个小圆周长即可。但是题目只说"大小不等的三个小圆"，无法知道直径究竟有多大。我们另起一个思路来分析一下：题目要求三个

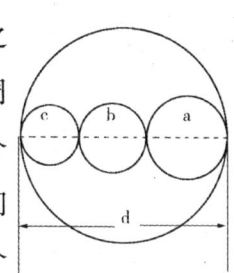

小圆的周长之和，不是求各个小圆的周长，它就是解决此问题的关键之处。仔细分析图中的数据关系发现：虽然不知道每个小圆的直径，但是它们的和作为一个整体正好等于大圆的直径。这样即可找到条件与结论之间的关联之处。由此我们可以思考：设想三个小圆的直径分别是 a、b、c 从条件中可知，a + b + c = d，大圆周长 C = πd，三个小圆的周长之和是 πa + πb + πc = π(a + b + c) = πd = 10（cm），也就是三个小圆的周长之和等于大圆的周长。

所以此题如果我们试想一下，沿着直径画出很多个与大圆在同一条线上直径的小圆，所有小圆的直径之和实际上也就是大圆的直径；所有小圆的周长之和也正好等于大圆的周长。这种算法实质上也就是从整体角度来观察题目所得到的，如果你呆板地去寻找每一个小圆的直径，然后算周长，再把周长之和加起来，这种方法是绝对行不通的。

小朋友们，以上这两个例子你看明白了吗？经过这样分解、引导思考，本来是一道十分复杂的题目，现在是不是变得很简单了呢？你学会上面这些方法了吗？下面来试一试吧！

 试一试

1. 下图是一个四边形，以这四个顶点为圆心，分别以2cm为半径画圆，求下列各图阴影部分的面积。

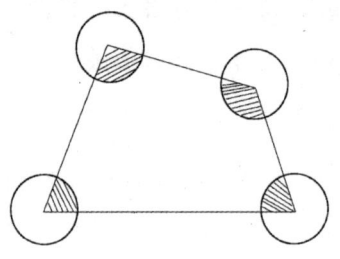

答案：12.56cm²

2. 如下图，两个小圆的周长之和与大圆的周长相比，谁长一些？请说明理由。

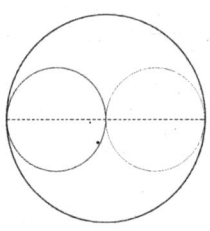

答案：一样长